Manfred Stutz

Von
Lügen der Geschichte
und
Wahrheiten des Lebens

Das WolfSpiel

Bibliografische Information der Deutschen Nationalbibliothek:
Die Deutsche Nationalbibliothek verzeichnet diese Publikation
in der Deutschen Nationalbibliografie, detaillierte bibliografische Daten sind im Internet über http//dnbdnh.de abrufbar

Herstellung und Verlag:
BoD – Books on Demand, Norderstedt
Umschlagbild: Die Freiheit führt das Volk (Ausschnitt)
Gemälde von E. Delacroix

ISBN 978-3-8391-9992-3

Bühnenstück
in
sieben Szenen

Die Personen

Der Idiot
Alter Wärter
Schulze
‚Brutus‘
‚Bruder Martin‘
‚Mahatma‘
‚Salome‘
Anstaltsdirektor
Professor
Kuratoriumsvorsitzender
Pfarrer
Doktor
Wärter und Patienten

„O Freiheit – was für Verbrechen werden in deinem Namen begangen."
(Manon Roland de la Platière, geb. 1754, unterhielt in Paris einen einflußreichen politischen Salon und endete mit obigen Worten 1793 auf der Guillotine.)

Erste Szene

Der Aufnahmeraum der Anstalt, von dem zwei Türen zu anderen Räumen abgehen. Hinter einer Barriere an einem Schreibtisch der alte Wärter, vor der Barriere in einer Zwangsjacke der Idiot mit zwei Begleitern.

Der Idiot: Bürger Marat auf Inspektionsreise durch die Irrenanstalten der Republik!

Niemand beachtet ihn.

Der Idiot (sieht sich um, geht näher an die Barriere, lauter, verbeugt sich leicht): Bürger Marat! – Bürger Marat auf Inspektionsreise durch die Irrenanstalten der Republik!

Alter Wärter (sieht kurz von seiner Arbeit auf): Schon recht. *(arbeitet weiter, streckt dann die Hand aus)* Papiere...

1. Begleiter tritt an die Barriere, reicht ihm ein Kuvert hinüber. Der Wärter öffnet es, überfliegt die inliegenden Papiere, beginnt Eingaben in einen Computer zu machen.

Der Idiot: Nein, sagt *Revolutionär*! Revolutionär Marat!

Die beiden Begleiter sehen sich an und grinsen.

Der Idiot: Ich danke Euch für den Empfang. – Allerdings hätte ich ihn mir herzlicher vorgestellt... *(ruckt mit den Schultern)* und ohne Inkommodität. *(sieht sich erneut um)* Ich finde, Ihr wirkt verschlossen, um nicht zu sagen abweisend.

7

Alter Wärter (ohne aufzusehen): Willkommen in Deutschdorf, Bürger... Bürger Marat.

Der Idiot. Ich danke Euch. *(betrachtet ihn)* Sagt, macht Ihr Euch Sorgen? – Bürger, nein, nein! *(Pause)* Und bitte, unterrichtet Eure Vorgesetzten nicht. Ich reise inkognito, sozusagen inkognito. *(Pause)* Ich will mir ein unverfälschtes Bild machen – keine Verfehlungen aufdecken, macht Euch keine Sorgen. Es geht um die Sache der Revolution.

Pause

Alter Wärter: Wie lange habt ihr gebraucht?

1. Begleiter: Drei Stunden.

Alter Wärter: Drei Stunden...

Der Idiot: Die Revolution! – Freiheit, Gleichheit, Brüderlichkeit!

1. Begleiter: Sie wissen doch, was auf den Straßen los ist.

Der Idiot: Die Freiheit ist da, die Gleichheit ebenfalls – um die Brüderlichkeit müssen wir uns sorgen.

Alter Wärter: Ja, ja.

1. Begleiter: Wenn das so weitergeht, können wir bald wieder Postkutschen nehmen.

Der Idiot: Bürger, Brüderlichkeit!

1. Begleiter: Und kämen schneller vorwärts.

Der Idiot: Brüderlichkeit auch unseren ärmsten Brüdern, gerade ihnen – darum bin ich hier!

Alter Wärter: Jeder muß sein Auto haben.

1. Begleiter: Natürlich, wie sonst?

Der Idiot: Bürger, die Revolution! Eine neue Zeit hat begonnen, eine neue Zeit*rechnung*! Neu, alles neu –

8

die Zukunft, das Licht, der Geist, die Wissenschaft! Der – *Mensch* wird neu erfunden!

Alter Wärter: Ich hab keins.

1. Begleiter (zum 2.): Siehst du, so was gibt's noch.

2. Begleiter (grinst): So was gibt's.

Der Idiot: Die Nation! Die junge Nation, die all ihre Kinder, eins so lieb wie das andere, an das Herz drückt und wärmt mit ihrem Segen und Reichtum. Auch die bedauernswerten Brüder in ... in...

Pause

Der Idiot: ...die bedauernswerten Brüder in...

Alter Wärter: In Deutschdorf, Ortsteil Lichtenau.

Der Idiot: ...in Deutschdorf, Ortsteil Lichtenau sollen daran teilhaben. Sie sind unsere Brüder, und wir wollen sie achten und behandeln wie unsere Brüder!

Kleine Pause

2. Begleiter: Ich hab neulich den neuen Vierer probegefahren.

1. Begleiter: Was!

2. Begleiter: Ja.

1. Begleiter: Und?

2. Begleiter: Toller Schlitten. So was hat's noch nicht gegeben.

Der Idiot: Fortschritt heißt die Parole!

1. Begleiter: Willst du ihn dir zulegen?

2. Begleiter (grinst wieder): Mal sehn.

Der Idiot: Fortschritt!

2. Begleiter (nickt): Mal sehn.

Der Idiot: Niemand darf vom Fortschritt ausgeschlossen sein.

1. Begleiter: Wie machst du das!

Der Idiot: Fortschritt der Zivilisation und des Geistes, Fortschritt eines allgemeinen Bürgersinns hin zur brüderlichen Gemeinschaft!

1. Begleiter: Verdienst doch auch nicht mehr als ich.

2. Begleiter: Noch hab ich ihn nicht.

1. Begleiter: Auf Pump, was? – Ist nichts für mich.

2. Begleiter: Dann fahr deine alte Karre weiter.

Der Idiot: Bürger, Fortschritt!

2. Begleiter: Nein, ich weiß noch nicht.

Der Idiot: Selbst wenn ihn jemand nicht will, er hat nicht das Recht, sich ihm zu verweigern – Fortschritt ist Bürgerpflicht!

2. Begleiter: Ich werd's mir überlegen. Hab ja bald vierzehn Tage Zeit dazu.

1. Begleiter: Wieso?

Der Idiot: Wir haben euch Freiheit und Glück gebracht... wir werden uns um die Blüte eures Glücks weiterhin sorgen – notfalls mit *Gewalt*!

2. Begleiter: Wieso? – *(er grinst)* Mallorca... vierzehn Tage Mallorca.

1. Begleiter: Was! – Mallorca? *(er schüttelt den Kopf)*

Der Idiot: Fragt Danton, fragt Robespierre, es ist unser Recht!

2. Begleiter: Cala Millor! Zwei Kilometer Fußgängerzone... jede Menge Bars, Restaurants und Shopping... für Sandra, ja... Shopping, mein ich... halt jedem das seine. – *(er grinst wieder)* Fünf Sterne... vierzehn Tage.

10

1. Begleiter: Fünf Sterne... *(schüttelt weiter den Kopf)*

Der Idiot: Das Recht der Revolution! Mit dem Blut so vieler... *(verbeugt sich vor den Begleitern)* freiheitsliebender und nach Glück dürstender Bürger erstritten!

2. Begleiter: Siebenhundertneunzig Mäuse für zwei Personen... all inclusive! – Klaro, oder?

1. Begleiter: Na ja, zwei Verdiener, kein Kind... klaro!

Der Idiot: Wer dieses Blut nicht achtet, schändet die Revolution, die Würde der Revolution und seine eigene Würde auch.

Alter Wärter (reicht 1. Begleiter einige Papiere): Hier! – Ihr wißt Bescheid – und laßt euch dann einen Kaffee geben. *(zum Idioten)* Bürger... Bürger Marat, *(deutet auf die Begleiter)* folgen Sie bitte den... äh, Bürgern – einige Formalitäten.

Der Idiot: Kein Aufhebens, bitte... wie gesagt, inkognito.

Alter Wärter: Ganz zu Belieben, Bürger. Nur Formalitäten... messen, wiegen, weiter nichts.

Der Idiot: Ah, messen, wiegen – *das* ist die neue Zeit! Zahlen, nüchterne Zahlen... Wissenschaft!

Alter Wärter: Ganz recht. *(bedeutet dem 1. Begleiter im Rücken des Idioten, diesen von der Zwangsjacke zu befreien)*

Die beiden Begleiter nehmen den Idioten in ihre Mitte, gehen durch eine der Türen ab. Der alte Wärter schaut ihnen nach, nickt einige Male mit dem

11

Kopf, nimmt eine Zigarette aus einer Schachtel, zündet sie an, raucht, gibt dann am Telefon eine Nummer ein.
Alter Wärter: Hier die Aufnahme. – Ja, guten Tag, dir auch. – Gut, gut, man will nicht klagen, oder? – Welche Schicht ich heute? Frühschicht... *(schaut zu einer Wanduhr)* eine Stunde noch, ja. – Sag mal, wir haben einen Zugang, männlich, bei euch ist doch noch was frei, oder? – Vorläufig erst mal, natürlich, bis die Ärzte entscheiden. – Welcher Zustand? Fixe Ideen, aber ansprechbar, wird kaum Ärger machen, glaube ich. Hier im Block wäre er erst mal gut aufgehoben. – Ja, ja, nur vorläufig, ist ja klar. – Gut also... ja, dir auch, schönen Dienst noch.
Der Idiot mit den Begleitern kommt zurück, ohne Zwangsjacke, in ziviler Kleidung.
Der Idiot: Messen und wiegen... vorzüglich. Der neue Geist breitet sich aus. Bürger, ich bin angetan... auf das angenehmste angetan!
Alter Wärter (winkt dem 1. Begleiter, ihm die Papiere zu geben, liest darin, betrachtet dann den Idioten): Bürger, Ihr macht keinen guten Eindruck.
Der Idiot: Wie belieben?
Alter Wärter: Fünfundsechzig Kilogramm bei ein Meter achtzig. *(schüttelt den Kopf)*
Der Idiot: Kilogramm! Meter! – Ich bin begeistert! Das neue Maß! Die neue Gewichtseinheit! – Neue Maße und Gewichte und alles, *alles* kriegt neue Gewichtungen!

12

Alter Wärter (betrachtet ihn weiter): Ihr habt zu wenig Fleisch, Bürger.

Der Idiot: Ich bin Revolutionär.

Alter Wärter: Eben darum. Ihr werdet noch gebraucht, Revolutionär Marat. Eßt, eßt tüchtig. Es ist von allem reichlich und in guter Zubereitung vorhanden, Ihr werdet es sehen.

Der Idiot: Das freut mich zu hören. Kein Kind der Nation soll darben.

Alter Wärter: Und Ihr auch nicht, verzehrt Euch nicht im Dienst der Revolution.

Der Idiot (in Nachsinnen versunken): Deutschdorf, Ortsteil Lichtenau... Bürger, hat mich meine Reise ins Elsass geführt?

Die beiden Begleiter sehen sich wieder an und grinsen.

Der Idiot: Egal, sind nicht alle Bürger gleichermaßen Schutzbefohlene der Nation mit überall gleichen Rechten!

Alter Wärter: Mit überall gleichen Rechten.

Der Idiot (schwärmerisch): Ach, der heilige Quell der Nation! Der Quell, der zum breiten Strom wird und in die ungemessenen Räume des Meeres sich ergißt. Und an seinen Ufern und Gestaden lagern die glücklichen Völker und atmen Frieden. Ja, auch andere Völker werden den Hort der Nation finden, nicht nur wir Franzosen, die wir ihn gefunden haben. – Deutsche, Polen, Tschechen, Russen, alle Völker! Sie werden finden, was ihren ganz eigenen Wert macht, und im edlen Wettstreit dieser Werte wird

13

sich die Menschheit zu neuen Gipfeln des Ruhms emporschwingen. Bürger, ist euch bewußt, welcher Zeit ihr angehört, welche Größe euch umweht? – Welcher Atem der Geschichte!

Alter Wärter: Schon recht, Bürger. Aber vergeßt nicht zu essen. Der Kampf geht weiter. *(zu den beiden Begleitern, zeigt auf die andere Tür)* So, dann noch zum Bad.

Die beiden Begleiter gehen zur Tür, ohne daß der Idiot ihnen folgt.

Alter Wärter: Bitte, zum Bad, Bürger.

Der Idiot: Was habt Ihr gesagt?

Alter Wärter: Zum Bad.

Pause; der alte Wärter deutet noch einmal auf die Tür.

Der Idiot: Nein.

Alter Wärter: Was soll das heißen?

Der Idiot: Wißt Ihr nicht, wer ich bin?

Alter Wärter: Bürger Marat... Revolutionär Marat, doch, doch...

Der Idiot: Ihr wißt es nicht.

Alter Wärter: Und wer seid Ihr?

Der Idiot: Ich *bin* Marat.

Alter Wärter: Wir haben es vernommen.

Der Idiot: Marat –!

Alter Wärter: Ja, Marat.

Der Idiot: Ihr sagt es, doch Ihr wißt es nicht.

Alter Wärter: Ja, nun ist es gut. Also baden, bitte!

Der Idiot: Nein.

14

Alter Wärter sieht die Begleiter an, schüttelt den Kopf.

Der Idiot (schreit plötzlich): Ihr wollt mich umbringen!

Alter Wärter kommt hinter der Barriere hervor.

Der Idiot: Ich weiß es, Ihr wollt mich umbringen!

Alter Wärter: Beruhigt Euch, niemand will Euch umbringen.

Der Idiot: Ich bin Marat!

Alter Wärter: Bitte, beruhigt Euch... ja, Ihr seid Marat.

Der Idiot: Ihr wollt mich in das Bad schleppen und umbringen! – Ich bin *Marat*!

Alter Wärter: Ja, doch – Marat...

Der Idiot: Ich bin im Bad umgebracht worden! Sie hat mich erstochen, diese Furie, diese Verrückte, die Royalistin! Da drin wartet sie auf mich!

Alter Wärter: Nicht, nicht... niemand wartet. Auch keine Royalistin.

1. Begleiter (beim Idioten): Los, kommen Sie jetzt.

Der Idiot: Ihr wollt die Revolution morden! Ihr seid die Reaktion! Das Alte soll wieder triumphieren – die Monarchie, der Adel, die Pfaffen, all dieses Pack! Wir werden sie ausrotten, alle ausrotten! Die Revolution siegt!

1. Begleiter (faßt ihn an der Schulter): Los, kommen Sie!

Der Idiot (schüttelt ihn ab): Und sie... sie ist ihre Hure. Und ihr auch! Da drin wartet sie, diese Hure

15

Corday. Sie hat ihr Messer schon gewetzt! Sie will mich in meinem Blute schwimmen sehen!

Alter Wärter: Ihr sollt nur baden... eine Formalität.

Der Idiot: Wenn wir die Feinde der Revolution töten, ist das eine Formalität, was auch sonst! Das Recht ist auf unserer Seite, die historische Notwendigkeit und Gerechtigkeit sowieso. Aber die Revolution töten, nein, nein... Das ist Unrecht, das ist Mord! Das ist gegen alle Tugend und Vernunft. Das ist Verrat an der Zivilisation, am Geist, an der Menschheit!

Alter Wärter: So glaubt mir doch, Ihr sollt nur...

1. Begleiter (nickt zum 2.): Genug gequatscht, los!

Sie packen den Idioten und wollen ihn zur Tür hin bewegen; er wehrt sich und beginnt zu schreien; heftiges Gerangel, der Idiot wirft sich zu Boden.

Der Idiot: Mord! Mord! – Sie wollen mich morden!

Der Idiot wehrt sich so heftig, daß es den Begleitern nicht gelingt, ihn durch die Tür zu schaffen. Von außerhalb Geschrei anderer Patienten, von oberhalb Frauengekreisch. Zwei Wärter stürmen herein, stürzen sich ebenfalls auf den Idioten.

Der Idiot: Ich bin der Vorsitzende... des Jakobinerrates! – Sie morden... die Revolution!

Die Wärter schaffen ihn durch die Tür. Weiter von überall her Geschrei und Gekreisch.

Zweite Szene

Im großen Gemeinschaftsraum. Patienten, die durchweg keine Anstaltskleidung tragen, sitzen vor dem Fernseher, der ständig läuft; einige mit einem Handy oder einem ‚Laptop'. Dann und wann steht einer auf, bewegt sich ziellos umher, setzt sich wieder. Der Idiot kommt hinzu, schaut sich um, geht in die Mitte des Raumes. Kurz darauf erscheint der alte Wärter, bleibt am Rande stehen, beobachtet den Idioten.

Der Idiot: Lichtenauer, Marat ist zu euch gekommen! Und hört, er hat frohe Botschaft – ihr seid freie Bürger der Republik!

Keiner beachtet ihn, er beginnt umherzugehen; nach einiger Zeit kreuzt er den Weg eines anderen Patienten, hält ihn an.

Der Idiot: Brutus, salve Brutus! Daß ich dich treffe, welche Überraschung! Marcus Iunius Brutus – du Mutiger! Du Gesetzestreuer!

‚Brutus': Was wollen Sie? Lassen Sie mich.

Der Idiot: O, du finsterer Mann. Gereut dich die Tat?

‚Brutus' versucht sich loszumachen.

Der Idiot: Gesetzestreu ja, doch auch offen und ehrlich gegen den, der dir vertraut? Was ist dir werter, das Gesetz oder der Freund? – Dein Freund Cäsar!

‚Brutus' (macht sich los): Lassen Sie mich!

Der Idiot: Da geht er hin, der plumpe Mensch, von Galle und Gewissen inwendig ganz bitter. Ja, geh nur... *(ruft ihm nach)* bei Philippi sehen wir uns wieder! *(lacht, beginnt wieder umherzugehen, hält danach auf zwei Patienten zu, die, arg lädiert und verbunden, sich gegenseitig stützend, langsam vorwärtskommen)* Brüder, was ist mit euch? *(will sie aufhalten, doch sie gehen weiter)* Ihr leidet. *(versucht sie zu stützen)* Sagt mir, was ist. – Was hat euch wehgetan? – Wer? *(sie reagieren nicht, er läßt sie los, beginnt wieder umherzugehen, hält dann einen anderen Patienten an)* Bruder Martin... Bruder Martin! Du hier! – Ja, was ist Zeit, was ist Raum – ein Gespinst! Ein luftiges Gewebe der müßigen und auch drängenden Stunden *(lacht)* – ein Gespinst der Suchenden. Bruder Martin, du suchender Mensch... du Mensch, der du sogar gefunden hast. Doch welch ein Mut dabei, welch noch viel größerer Mut als... *(schaut suchend umher, deutet dann auf ,Brutus')* als von jenem... vor den Größten und Mächtigsten der Welt bewiesen! Wie hast du vor ihnen gestanden? – Wie hast du gesprochen?

,Bruder Martin' *(schaut ihn verständnislos an)*: Wie?

Der Idiot: Wie hast du gesprochen? – *Was*?

,Bruder Martin': Was?

Der Idiot: Sag: Hier...

,Bruder Martin': Hier...

Der Idiot: Hier stehe ich, ich kann nicht anders. – Sag es, bitte.

,Bruder Martin': Hier stehe ich, ich kann nicht anders.

18

Der Idiot: Schön, sehr schön. Ich bin überwältigt. Worte, die die Welt verändert haben – *du* hast sie gesprochen.

‚Bruder Martin': Ich?

Der Idiot: Ja.

‚Bruder Martin': Ich!

Der Idiot: Ja, du! Du hebst mein Herz, Bruder Martin. So sprich bitte noch den anderen Satz, der zu deinem Mut deine Weisheit so rühmenswert macht. *–(schaut ihn an)* Du weißt nicht?

‚Bruder Martin': Nein.

Der Idiot: Matthäus zweiundzwanzig, Vers einundzwanzig.

‚Bruder Martin': Matthäus zweiundzwanzig...

Der Idiot: Nein, nein.

‚Bruder Martin': Nein, nein.

Der Idiot (winkt ab, faßt ihn am Arm): Du willst nicht?

‚Bruder Martin': Du willst nicht?

Der Idiot: Nein, sag: Gebet...

‚Bruder Martin': Gebet...

Der Idiot: Gebet dem Kaiser...

‚Bruder Martin': Gebet dem Kaiser...

Der Idiot: Gebet dem Kaiser, was des Kaisers ist.

‚Bruder Martin': Gebet dem Kaiser, was des Kaisers ist.

Der Idiot (betrachtet ihn): Nicht so schön. *(schüttelt den Kopf)* Marat muß dir sagen, nicht so schön.

‚Bruder Martin': Nicht?

19

Der Idiot: Nein. Doch betrüb dich nicht, du hast recht gesprochen. Die Welt wäre noch mehr zuschanden gekommen, die Zeit war nicht reif – aber ich sehe, du verstehst mich nicht, Bürger Martin. *(läßt ihn stehen und geht wieder umher, offenbar innerlich bewegt, gestikuliert, hält dann in der Mitte des Raumes an)* Bürger, hört auf mich! Nein, die Zeit war nicht reif, doch nun ist sie da. Die Throne stürzen, und alle Fürsten der Welt und die scheinheiligen Priester des hochmütigen Gottes erzittern vor uns. Wehe, wehe ihnen! Wir werden sie ausrotten, alle ausrotten! Bürger, seid einig und folgt uns nach! Die Girondisten, die Verräter werden vernichtet, die wahre Revolution siegt! – Und erlaubt mir, euch die brüderlichen Grüße der Bürger Danton und Robespierre zu übermitteln. Bürger...

Alter Wärter (bei ihm, zieht ihn fort): Bürger Marat, nicht so laut, kommt. – Ihr schreckt die Leute unnütz auf, die Revolution hat gesiegt.

Der Idiot: Hat sie gesiegt?

Alter Wärter: Natürlich.

Der Idiot (denkt nach): Nein, sie hat nicht gesiegt. *(schreit)* Sie ist verraten worden!

Alter Wärter: Nicht so laut, Bürger Marat.

Der Idiot: Laut... laut! – Laßt mich mit Eurem ‚laut'. Ich bin ein freier Bürger in einer freien Republik.

Alter Wärter: Ganz zu Belieben, Bürger.

Der Idiot (denkt wieder nach): Verraten... verraten von diesem Emporkömmling... diesem Zwerg. Erster Konsul und Kaiser... krönt sich zum *Kaiser*! Wir hät-

20

ten alle Throne der Welt zu Brennholz gemacht... und er macht sich zum Kaiser.

Alter Wärter: Bedauerlich, ja.

Der Idiot: Aber nicht mit mir. Wenn mir mein Mißgeschick nicht widerfahren wäre, mit mir nicht. Es wäre alles anders gekommen. – Ja, *Revolutionär* Marat, der die Revolution zum wahren Sieg geführt hätte! *(denkt nach)* Welch hoffnungsvoller Anfang, doch dann – *(lacht)* Karriereknick, finaler Karriereknick sozusagen. Nein, mit mir nicht! *(zuckt die Schultern)* Das ist Geschichte. *(sieht ihn an)* Wissen Sie, was Geschichte ist?

Alter Wärter (betrachtet ihn seinerseits): Ihr müßt essen, Bürger Marat. Ich habe vorhin nachgefragt, seit Ihr bei uns seid, habt Ihr drei Kilogramm abgenommen.

Der Idiot: Wissen Sie es?

Alter Wärter: Kommt ein wenig zur Ruhe.

Der Idiot (zerstreut): Wer kann in solchen Zeiten zur Ruhe kommen...

Alter Wärter: In solchen Zeiten, ja.

Der Idiot: Menschen – ob so oder so, ob diese oder jene.

Alter Wärter: Wie?

Der Idiot: Sie fragten mich, was Geschichte ist.

Alter Wärter: Ich?

Der Idiot: Ja, Sie.

Alter Wärter: Und... was ist Geschichte?

Der Idiot: Menschen, ob so oder so, ob diese oder jene. – Und was sind Menschen? – Schicksal... ob so

21

oder so, ob dieses oder jenes. *(denkt nach)* Glauben Sie, mit mir wäre die Geschichte anders verlaufen? Mit mir und Danton dabei? – *(überlegt wieder)* Schicksal... ich sollte das nicht sagen. Als Führer der Französischen Revolution dürfte ich es nicht sagen, aber nachdem ich tot bin, auf diese Weise zu Tode gekommen bin – *Schicksal*! Ich sage es. Aus eigener... *(lacht)* schmerzvoller Erfahrung, verstehen Sie? Geschichte – nein, wir haben nichts in der Hand, alles ist Schicksal... betrüblich, ja, für jede Revolution. Und wenn das so ist, warum überhaupt Revolutionen? Alles geht seinen eigenen Weg, nicht den, den wir uns vorstellen.

Alter Wärter: Ihr seid sehr gebildet, wie es scheint.

Der Idiot (sieht ihn lange an): Das ist mein Verhängnis. Ich bin zu gebildet. Ich bin so gebildet, daß ich nicht weiß, wer ich bin. Heute der, scheint's mir, morgen jener. Aber wer bin ich? Wer bin ich wirklich? *(schreit in den Raum)* Wer bin ich wirklich?

Alter Wärter: Nicht so laut, nicht so laut. *(zieht ihn noch weiter zur Seite)* Bürger... Herr Marat, ich muß offen mit Ihnen reden. Sie werden ruhiggestellt, wenn Sie zu laut sind, verstehen Sie, ruhiggestellt. Für lange Zeit ruhiggestellt, daß Sie danach nicht mehr wissen, wer Sie sind.

Der Idiot (lacht). Wissen Sie es denn?

Alter Wärter: Wer Sie sind?

Der Idiot: Nein, Sie.

Alter Wärter: Ich –?

22

Der Idiot: *Ich* weiß es von mir nicht. Oder glauben Sie, ich sei Marat?

Alter Wärter: Nicht? – *(betrachtet ihn)* Wer sind Sie dann?

Der Idiot: Ich sagte doch, ich weiß es nicht. Bis vor kurzem war ich, glaube ich, Marat.

Alter Wärter: Nun also, seien Sie Marat! Das paßt zu Ihnen. So einen gewissen Idealismus haben Sie, scheint mir.

Der Idiot: Idealismus? – Marat? – Sprechen Sie lieber von Verblendung und Fanatismus... von Machtwahn!

Alter Wärter: Sie sind zu streng mit sich.

Der Idiot: Ich weiß, wovon ich rede. Und egal wie, Ihr Ruhigstellen schreckt mich nicht. Im Gegenteil, vielleicht entdecke ich danach eine ganz neue Persönlichkeit in mir. Eine höchst reizvolle Aussicht. *(schreit)* Eine höchst reizvolle Aussicht!

Alter Wärter: So seien Sie doch ruhig!

Der Idiot (betrachtet ihn lächelnd): Sie scheinen ernsthaft der Ansicht zu sein, daß man wissen müsse, nein, nicht müsse... daß man wissen *könne*, wer man sei. Stimmt´s?

Alter Wärter: Eigentlich...

Der Idiot: Glauben Sie, daß es irgendeinen Menschen gibt auf der Welt, der wirklich weiß, wer er ist? Glauben Sie das?

Alter Wärter: Nicht?

Der Idiot: Nein. *(sie beginnen langsam umherzugehen)* Fragen Sie mal einen hier.

Alter Wärter: Sie sind ein Witzbold, oder? – Äh, verzeihen Sie.

Der Idiot (bei den zwei Verletzten): Was ist mit den Ärmsten? – Brüder –! *(versucht sie wieder zu stützen)*

Alter Wärter: Das sind Troupiers. – Kämpfer... sie haben gegeneinander gekämpft.

Der Idiot: Und nun versöhnen sie sich? – Das ist schön.

Alter Wärter: Sie hatten keinen Zwist miteinander.

Der Idiot: Aber wie sehen sie aus?

Alter Wärter (schüttelt den Kopf): Ja, wie sehen sie aus?

Der Idiot: Warum sehen sie so aus?

Alter Wärter: In Lichtenau ist es eine Auszeichnung, Troupier zu sein. Sie kriegen bessere Bezahlung und Sonderverpflegung. Es wird viel für sie getan. Für alle natürlich, wie Sie auch schon gemerkt haben, aber für Troupiers noch etwas mehr.

Der Idiot: Weshalb?

Alter Wärter: Nicht weshalb, für *wen* genau genommen. – Für die Herren, die Herren der Anstaltsleitung. Wenn die über etwas uneins sind, müssen die Troupiers die Sache ausfechten... sozusagen für sie die Kastanien aus dem Feuer holen, wenn Sie verstehen. Und wessen Troupier gewinnt, der setzt sich gegenüber dem anderen Herren durch.

Der Idiot: So ist das in der Welt.

Alter Wärter: Ja, so ist das.

Kleine Pause

Alter Wärter: Meistens – nein, eigentlich *nur*... nur beim Spiel geraten sie richtig in Streit.

Der Idiot: Und jagen Menschen aufeinander? Bei einem Spiel, einfach nur ein Spiel?

Alter Wärter: Es ist ein Spiel ganz nach der Wirklichkeit. Es *ist* Spiel und Wirklichkeit.

Der Idiot: Spiel ist Spiel – ist spielerisch, Wirklichkeit ist Ernst.

Alter Wärter: Wie es in Lichtenau gespielt wird, ist es ein Zwitter – Spiel *und* Wirklichkeit.

Der Idiot: Seltsam.

Alter Wärter: Ja, es ist seltsam. Sie spielen es hier auch nach Regeln, obwohl es in der Wirklichkeit keine gibt, nur eine Grundregel sozusagen: der Große frißt den Kleinen.

Der Idiot: Ach, ist das die Wirklichkeit? *(denkt nach)* Große und Kleine – das war zu meiner... *(lacht)* zu Marats Zeit nicht anders. Deswegen haben wir die Revolution gemacht – *(schreit)* Freiheit, Gleichheit, Brüderlichkeit! – Aber was hat das mit einem Spiel zu tun?

Alter Wärter: Im Spiel... in jedem Spiel ist eine Wahrheit... wie in kaum sonst etwas. Eine Wahrheit, die eigentlich aus der Wirklichkeit kommt.

Der Idiot: Sie sagen Wahrheit?

Alter Wärter: Ja. – Nehmen Sie einen Hund...

Der Idiot: Ich habe keinen Hund.

Alter Wärter: Spielen Sie mit ihm Greifen- oder Stöckchenspiele...

Der Idiot: Ich habe keinen Hund!

Alter Wärter: Das tut nichts zur Sache. Sie haben solche Spiele schon gesehen, oder? – *(Der Idiot zuckt die Schultern)* Sie haben sie gesehen – also, Sie sehen das Spiel... wie vergnüglich und harmlos und unterhaltend ist das, nicht?

Der Idiot: Ich habe keinen Hund.

Alter Wärter: Gut, gut – aber was sehen Sie hinter dem Spiel... besser gesagt: *im* Spiel?

Der Idiot: Die Wahrheit?

Alter Wärter: Ja, die Wahrheit dieses Spiels.

Der Idiot: Welche Wahrheit?

Alter Wärter: Den Wolf im Blut – den reißenden Wolf. Und wo der Hund nur wieder Wolf sein muß oder darf, wird er es sein.

Der Idiot: Und was hat das mit dem Spiel hier zu tun?

Alter Wärter: Es ist ein böses Spiel. Es trainiert den Wolf im Menschen und es macht Wolfsgelüste.

Der Idiot: Aha.

Alter Wärter: Den *Wolf*! Wolfs*gelüste*! – Zumal die kleinen Köter überall in der Welt um sich herum Wölfe sehen und heulen hören und sehen, wie stark gebaut und mit wie glänzendem Fell sie daherkommen, und sie in ihrer Räude dagegen – natürlich haben sie Angst vor ihnen... und möchten sie darum aber nicht auch so ein starker Wolf sein, ein Leitwolf unter den Wölfen gar? Und nicht nur beim Spiel, mehr noch in der Wirklichkeit?

Der Idiot: So ist das? – Ein böses Spiel, nicht?

Alter Wärter: Ein böses Spiel und eine noch bösere Wirklichkeit.

Der Idiot: Die Wirklichkeit auch? – So hätte sich nichts geändert? Wofür haben wir die Revolution gemacht? Die große Revolution, in der soviel Blut geflossen ist. Haben wir das Böse mit dem vielen Blut nicht aus der Welt geschwemmt? Wo ist die brüderliche Gemeinschaft? Gibt es sie nicht?

Alter Wärter: Nein.

Der Idiot (lacht): Nein, nein, natürlich gibt es sie nicht. *(lacht wieder)* Sagen Sie, Sie haben doch nicht wirklich geglaubt, daß ich Marat bin, oder?

Alter Wärter: Nein.

Der Idiot: Wissen Sie, ich will ehrlich sein. Es interessiert mich nicht, wie eine Gesellschaft ist – *(feixt ihn an)* wölfisch oder... nicht. Es ist mir einerlei. – Hier und nirgendwo, gestern und heute, Zeit und Raum, Revolution oder nicht, Freiheit oder nicht, es ist mir einerlei. Ach, ihr mit euren kleinen Freiheiten! Jeder die seine. So, daß es wirklich nur die seine ist und die des anderen nicht auch. Im Gegenteil, stets auf dessen Kosten. Und eine schäbiger als die andere.

Alter Wärter sieht ihn länger an, schüttelt den Kopf und verläßt ihn.

Der Idiot (ruft ihm hinterher):Was ihr Freiheit nennt, ist das falsche Ziel. Es ist die Freiheit des Raubtiers und der Dummheit in euch! Erziehung muß das Ziel heißen! Erziehung, die das Raubtier an die Kette legt und eure Dummheit ebenso! *(beginnt wieder um-*

27

herzulaufen, einige Zeit wie Selbstgespräche füh-rend, schreit dann) Es ist mir einerlei! *(,Bruder Martin´ kommt ihm über den Weg)* Bruder Martin, auf einen Augenblick. *(hält ihn an)* Was du zuletzt gesagt hast, hat mir nicht gefallen, sagte ich dir das?

,Bruder Martin´: Ja.

Der Idiot: Nein, es hat mir gar nicht gefallen. *(be-trachtet ihn)*: Sag doch einmal: I have a dream.

,Bruder Martin´: I have a dream.

Der Idiot: Schön, aber mit etwas mehr – Inspiration: I have a dream!

,Bruder Martin´: I have a dream!

Der Idiot: Wunderbar! Einfach wunderbar! – Bru-der... ich könnte weinen vor Glück. *(umarmt ihn)* Verzeih mir, Bruder, ich habe dich verwechselt. Ihr tragt den gleichen Namen, aber du bist jemand ande-rer, jemand ganz anderer... und aus einer ganz ande-ren Zeit.

28

Dritte Szene

Der Idiot in seinem Zimmer, die Tür zum Gemeinschaftsraum hin geöffnet, unruhig unterwegs. Professor, Doktor und zwei Pfleger treten ein. Der Idiot beachtet sie zunächst nicht, macht dann vor einem Pfleger halt.

Der Idiot: Bürger Marat...

Professor (betrachtet ihn noch etwas): Ein interessantes Individuum... Doktor, sprachen Sie von ihm?

Doktor: Ja, das ist er, Herr Professor.

Der Idiot geht zunächst zum Doktor, dann zum Professor, stellt sich ihnen vor.

Der Idiot: Bürger Marat...

Professor: Freut mich, Sie kennenzulernen, Herr Bürger. Wie befinden Sie sich?

Der Idiot: Danke, wohl, sehr wohl, aber erlauben Sie mir, Sie darauf hinzuweisen, daß es keine Herren mehr gibt. Die Herren haben wir... *(macht die Geste des Halsabschneidens)* – die Revolution, wissen Sie.

Professor: Natürlich, die Revolution... *(mustert ihn, blickt dann auf ein Papier)* Aber mit der Versorgung hat´s wohl nicht so geklappt während der Revolution.

Der Idiot: Wir haben unser Bestes getan.

Professor: Ich glaube Ihnen, doch Sie persönlich, Sie persönlich meine ich. *(blickt wieder in sein Papier)* Sie haben abgenommen, das gefällt mir nicht.

Der Idiot (mit Ausdruck): Ich habe eine Speise zu essen, von der ihr nicht wisset.

Professor (zum Doktor) Das gefällt mir nicht.

Der Idiot: Und ich frage mich, was Sie das angeht.

Professor (zu einem Wärter) Ißt er?

1. Wärter: Er ißt.

Professor: Gut, gut. – *(zum Idioten)* Was uns das angeht, fragen Sie?

Der Idiot: Das habe ich gefragt.

Professor: Überlegen Sie doch – Sie haben eine Revolution gemacht, schön, aber ist es damit getan? Sie haben den Fortschritt begründet, aber darf dann der Fortschritt gleich wieder auf der Stelle stehen bleiben? – Ja, Sie lächeln, nicht? Sie sind ein Schelm, wie mir scheint, Sie wissen genau, daß die Revolution weitergeht, daß immer neue Revolutionen... nein, Evolutionen kommen müssen, und daß darum der Fortschritt weitergeht. Das liegt im Wesen des Wortes – *Fortschritt*. Das einzige, was sich zu Ihrer Zeit geändert hat, ist das Verständnis von Fortschritt. Das ist nichts Ominöses mehr... kein, entschuldigen Sie, Geschwafel um das Wort. Fortschritt ist meßbar geworden, in Zahlen und Daten.

Der Idiot: Zahlen und Daten, tatsächlich? Das freut mich, dann sind wir im wirklichen Fortschritt angekommen. Aber *wir* haben ihn begründet. Mit unserem neuen Verständnis von...

Professor: Keine Frage... *(zum Doktor)* damals wurde er begründet, oder? – *(zum Idioten)* Aber es wird Sie interessieren, wie wir den Fortschritt messen, nicht? Wie, ja... Zahlen, Kurven, Statistiken, Diagramme – nein, was, *was* messen wir? Ist Ihnen der Begriff Lebensstandard vertraut? – BIP? – Bruttoinlandsprodukt? – Nicht? Wirklich nicht?

Der Idiot: Vielleicht ist es mir entfallen... im Moment...

Professor: Entfallen, gut... *(lächelt zum Doktor hinüber)* Also, was messen wir? – Bestandsdichten, Sättigungs- und Verbrauchswerte, Pro-Kopf-Verfügbarkeiten. Und je höher der jeweilige Wert, desto größer der Fortschritt, das leuchtet ein, oder?

Der Idiot: Nein.

Professor: Nicht? – Aber das ist doch einfach. Je mehr Autos und... Flugpassagiere und Ärzte und... psychiatrische Einrichtungen *(blickt zum Doktor)* – kann man das sagen, Doktor?

Doktor: Durchaus, Herr Professor, durchaus.

Professor: ...also, je mehr psychiatrische Einrichtungen auf eine bestimmte Zahl Menschen, desto mehr Wohlstand im Land. Desto besser wird für sie gesorgt und desto besser geht es ihnen. – Und immer mehr von allem... Sie verstehen? – Das ist Fortschritt.

Der Idiot: Wenn also jemand zwei Autos hat, geht es ihm doppelt gut – und der Fortschritt ist doppelt hoch.

Professor (zuckt die Schultern) So ungefähr... *(etwas ärgerlich)* Ich habe das so dargestellt, damit Sie es verstehen können, aber so etwa ist es.

31

Der Idiot. Natürlich, ich soll es verstehen. – *(über-legt etwas)* Und was ist mit dem Müll? Je mehr Müll, desto –?

Professor: Ja, natürlich... äh, natürlich nicht – *(zum Doktor)* oder doch? – Ein Schelm, ich sage es. – Nein, natürlich nicht. Man hat das Problem erkannt, man arbeitet daran. Aber was Fortschritt ist, *Ihr* ganz persönlicher Fortschritt: Einzelzimmer, temperierte Räumlichkeiten überall, beste medizinische Betreu-ung, Verpflegung wie in einem guten Hotel – und wie hat das zu Ihrer Zeit ausgesehen, in entsprechen-den Einrichtungen?

Der Idiot: Ja, der Fortschritt – ich danke Ihnen.

Professor: Nicht doch, danken Sie dem Fortschritt.

Der Idiot (überlegt): Wir haben die Gleichheit auf das Banner der Revolution geschrieben... *(überlegt wieder)* Im Namen der Gleichheit müßte der, der zwei Autos hat, dem, der keins hat, eins abgeben. Das muß auch Fortschritt sein, dafür haben wir ge-kämpft.

Doktor (lächelt): Merken Sie was, ein verkappter Sozialist. Die alten Revolutionäre haben dazuge-lernt.

Professor (lacht): Ja, ja, ein Schelm – *(zum Idioten)* Warum ich Ihnen das alles erzähle – Fortschritt kommt nicht einfach so. Fortschritt ist Wettbewerb, einer gegen den anderen. Auch Lichtenau steht im Wettbewerb. Wir müssen nachweisen, daß wir leis-tungsfähig sind, daß unsere Arbeit erfolgreich ist. Das läßt sich nicht einfach schönreden, es geht wie immer: Zahlen, Diagramme, Statistiken. Und wer erfolgreich arbeitet – nun, das ist ein anderes Thema.

Der Idiot: Vielleicht würde es mich interessieren. Ich bin immer bestrebt, mich zu bilden.

Professor: Das gehört jetzt nicht hierhin – äh, kurz, warum Sie also nicht abnehmen sollen... wir führen eine Statistik über das Durchschnittsgewicht unserer Patienten... in Relation zu Körpergröße und Alter und Geschlecht natürlich... und die Behörden, denen wir sie vorlegen, gehen nicht zu Unrecht davon aus, daß ein guter Ernährungsstand unserer Gäste auf ein gutes Allgemeinbefinden schließen läßt. Also, tun Sie bitte das Ihre, um die Statistik nicht herunterzuziehen. *(geht zur Tür, mustert den Idioten noch einmal)* Ein Schelm, oder? *(zum Doktor)* Setzen Sie ihn auf Sonderverpflegung. *(Im Abgehen)* Alles praktizierter und kontrollierter Fortschritt. *(dreht sich in der Tür noch einmal um)* Natürlich liegt uns auch Ihr Wohlergehen am Herzen, natürlich.

Alle ab.

Der Idiot (steht in Nachdenken, schüttelt dann den Kopf) Nein, nein. *(laut)* Nein!

Alter Wärter (kommt herein): Haben Sie gerufen?

Der Idiot: Nein.

Alter Wärter: Ich ging gerade vorbei.

Kleine Pause

Der Idiot: Muß ich mich bei Ihnen entschuldigen?

Alter Wärter: Wofür?

Der Idiot: Habe ich nicht die Revolution verraten? – Man ist so voll Zweifel oft.

33

Schulze (kommt herein, bleibt bei der Tür stehen): Ich sehe, Sie haben Besuch, entschuldigen Sie. *(geht wieder)*

Alter Wärter: War der Professor bei Ihnen?

Der Idiot: Ja.

Alter Wärter: Hoher Besuch. Hat er vom Fortschritt geredet?

Der Idiot: Ja.

Alter Wärter: Er redet gern vom Fortschritt – und spielt das Spiel.

Der Idiot: Erzählen Sie mir noch etwas darüber.

Alter Wärter: Da gibt es nicht mehr viel zu erzählen.

Der Idiot: Muß man es Ihnen nicht wegnehmen?

Alter Wärter (lacht, wird dann ernst, setzt sich, schaut vor sich hin): Es hat wieder zwei gegeben.

Der Idiot: Was?

Alter Wärter: Zwei Verwundete – verwundete Troupiers. *(steht auf)* Hier habe ich etwas für Sie.

Der Idiot: Schokolade?

Alter Wärter: Ja, und nicht weiter verschenken, die ist nur für Sie.

Der Idiot: Ich habe genug zu essen.

Alter Wärter: Essen Sie nur. Wenn Sie wollen, bringe ich Ihnen jeden Tag eine Tafel.

Der Idiot: Nein, nein.

Alter Wärter: Ist ja auch Seelennahrung. Kakao macht glücklich, die Wissenschaftler sagen das.

Der Idiot: So, die Wissenschaftler. – Wissenschaft und Glück... kann man das jetzt messen wie den Fortschritt?

Alter Wärter (schmunzelt) Wissen Sie das nicht? *(geht)*

Schulze (kommt sofort herein): Störe ich nicht? *(hält dem Idioten die Hand hin, ergreift dann dessen Hand)* Schulze mein Name... *(sieht sich um)* Weswegen ich zu Ihnen komme... Sie sind ja schon einige Zeit bei uns... Bürger Marat... also weswegen ich komme – die Zeit ist nicht stehengeblieben, die Fronten haben sozusagen gewechselt, die Entrechteten sind heutzutage andere, und das Bürgertum steht auf der Seite der Ausbeuter, genau genommen *ist* es der Ausbeuter. Also, kurz, nächste Woche finden Wahlen statt...

Der Idiot: Wahlen sagen Sie?

Schulze: Ja.

Der Idiot: Das haben wir auch eingeführt. Die Wahlen zum Generalkonvent – allgemeines, gleiches, geheimes Wahlrecht. Die Macht dem Volk!

Schulze: Ganz recht.

Der Idiot: Und was wird gewählt?

Schulze: Der Patientenrat von Lichtenau... ein Selbstverwaltungsgremium.

Der Idiot: Schön, Wahlen! – Den Professor wählen Sie auch?

Schulze: Wie?

Der Idiot: Den Professor.

Schulze: Den Professor? – Der Professor wird nicht gewählt, der ist da. Und es ginge ja auch nicht nur um den Professor, dann müßten alle da oben gewählt werden. Wie stellen Sie sich das vor?

35

Der Idiot: Warum nicht? Die, die oben sind, müssen gewählt sein, gerade die.

Schulze: Wie soll das gehen? – Dahinter steht die Anstalt. Die *Anstalt*, verstehen Sie!

Der Idiot: Nein.

Schulze: Die Anstalt ist unser Arbeitgeber, sozusagen unser Arbeitgeber. Wir sind in ihr untergebracht, und sie ist gleichzeitig für viele von uns der Arbeitgeber. Haben Sie schon mal eine Firma gesehen, in der die Belegschaft die Chefetage wählt?

Der Idiot. Nein.

Schulze: Also – weswegen ich Sie aufsuche... *(unterbricht sich und scheint nachzudenken)*

Kleine Pause

Der Idiot: Aber wenn man wählen könnte zwischen einem, der das Spiel spielt und einem anderen, der es nicht spielt?

Schulze: Wie... das Spiel? – Wer hat Ihnen von dem Spiel erzählt? – Es ist ein Spiel, weiter nichts. Es wird gespielt, warum auch nicht?

Der Idiot: Es ist ein böses Spiel.

Schulze (lacht): Wer sagt das? – Ein böses Spiel... was ist böse? Mit *der* Frage geht´s zur Moral und in die Kirche, praktische Politik wird woanders gemacht. Im übrigen, *Sie* sollten nicht von Moral reden. Ihre Henkersmoral...

Der Idiot: Wie!

Schulze: Verstehen Sie mich nicht falsch, ich meine die Revolution. Oder wenn man schon Namen nennt, Robespierre natürlich. Wie es mit Ihnen persönlich

36

aussieht... *(hebt die Schultern und nickt dann)* Die Septembermorde... war das nicht Ihr –?

Der Idiot: Morde –? Sie sagen Morde?

Kleine Pause

Der Idiot: Davon verstehen Sie nichts. Das Böse mußte aus der Welt, egal wie. Sich für diese Aufgabe zu opfern und Blutschuld auf sich zu nehmen, das ist ein schweres Opfer.

Schulze: Wir wollen darüber nicht streiten. Darum bin ich auch nicht bei Ihnen. Ich bin bei Ihnen als Vertreter der Sozialpartei, als deren Chef, der ich zurzeit auch Vorsitzender des Patientenrates bin und in dieser Eigenschaft ebenfalls Mitglied des Führungsgremiums der Anstalt.

Der Idiot: Erlauben Sie, *ich* bin der Führer der Bergpartei. Von der Ihren habe ich nie gehört.

Schulze: Natürlich nicht – es ist keine Partei, eine... Interessenvertretung. Motto: gemeinsam sind wir stark.

Der Idiot: Interessenvertretung? – *Brüderlichkeit*, Bürger!

Schulze: Genosse, bitte.

Der Idiot: Wie?

Schulze: Genosse. – Genosse Bürger.

Der Idiot: Wißt Ihr nicht, was Brüderlichkeit ist, Genosse Bürger?

Schulze: Wir sind sozial.

Der Idiot: *Brüderlichkeit*; Genosse Bürger!

‚Brutus' (kommt herein): Habe ich es mir gedacht!

Schulze: Nun, und?

37

‚Brutus‘: Ich habe es mir gedacht!

Schulze: Ich nehme nicht allein demokratische Rechte, sondern auch Pflichten wahr. Muß ich zitieren? – ‚Die Parteien tragen zur Willensbildung...‘

‚Brutus‘: Ganz recht, *alle* Parteien!

Der Idiot: Brutus, ich freue mich, dich zu sehen.

‚Brutus‘: Nennen Sie mich nicht Brutus. Ich bin nicht Brutus. *(sieht ihn an, versucht zu lächeln)* Nennen Sie mich Brutus... wenn es Ihnen gefällt.

Schulze: Und nun?

‚Brutus‘: Was ‚und nun‘? – Wir erläutern ihm unsere Programme, dann kann er sich entscheiden.

Schulze: Wir?

‚Brutus‘: Wir. Dann hat er einen unmittelbaren Vergleich.

Schulze: Sie meinen ein Rededuell... wie im Fernsehen?

‚Brutus‘: Warum nicht?

Schulze: Ich war zuerst hier.

‚Brutus‘: Haben Sie kein Zutrauen in Ihre Sache?

Schulze (lacht): Kein Zutrauen? – Ich bin Vorsitzender, vergessen Sie das nicht!

‚Brutus‘: *Noch*, werter Kollege, noch.

Schulze: Gut, wer fängt an?

‚Brutus‘: Sie.

Schulze: Nein, Sie.

‚Brutus‘: Nein, Sie!

Der Idiot: Bürger Brutus, wer seid Ihr?

Schulze: Eben, stellen Sie sich erst einmal vor!

‚Brutus‘: Ich bin der Führer der Velozifisten.

Der Idiot: Eine... Radfahrerpartei?

Schulze lacht.

‚*Brutus*‘: Die Bewegung der... *Bewegung*! – *(Schulze lacht wieder; er fährt ihn an)* Sind wir Demokraten oder nicht? – *(Schulze hört auf zu lachen) Bewegung*! – Schnell, schneller, alles schneller! Das Leben läuft zu langsam! Alles schneller, alles mehr! Mehr Veränderung!

Schulze: Aber dabei auf dem Teppich bleiben!

‚*Brutus*‘: Mehr Fortschritt!

Der Idiot: Mehr als –?

‚*Brutus*‘: *Sie*? – Sie haben das Rad erfunden, Respekt! Aber die Menschen müssen die Schwerkraft loswerden!

Schulze lacht wieder. ‚Brutus‘ sieht ihn an, bis er aufhört.

‚*Brutus*‘: Mehr Freiheit!

Der Idiot: Mehr als – ?

‚*Brutus*‘: *Sie*? – Sie haben die Menschen von den Bäumen geholt, Respekt! Aber sie müssen zur Sonne fliegen!

Schulze (lacht erneut): Aber erst mal... erst mal wollen wir den Küchenausschuß reformieren, oder?

‚*Brutus*‘: Rollen Sie sich erst mal aus Ihrem Teppich raus, wenn Sie mitreden wollen! – Küchenaus-schuß –! Wir verlangen freien Zugang zur Frauenabteilung!

Schulze: Sind Sie verrückt!

Der Idiot: Frauenabteilung?

Schulze (deutet nach oben): Über uns.

39

‚Brutus‘: Freien Zugang!
Der Idiot (singt): Ja, ja, in Lichtenau, da ist der Himmel blau, da tanzt der Ziegenbock mit seiner Frau. – Ja, ja, in Lichtenau...
‚Brutus‘: Wir verlangen sexuelle Freizügigkeit unter allen Gefangenen, auch unter Männern!
Schulze: Gefangene! – Von Gefangenen reden Sie! Sind Sie noch bei Sinnen! Wir... *(gestikuliert)* wir dürfen wählen! Haben Sie das vergessen? *Wählen!* Mit wieviel Mut und Blut *(zeigt auf den Idioten)* ist das erstritten worden! Sie sind undankbar dem Genossen Bürger gegenüber.
‚Brutus‘: Schluß mit Ihrer Politik der Gullyperspektive! Wir verlangen das Selbstbestimmungsrecht!
Der Idiot (wird im folgenden zunehmend unruhiger): Das Selbstbestimmungsrecht!
Schulze (versucht sich zu fassen): Ich rede ruhig mit Ihnen, sehen Sie, ganz ruhig. – Wissen Sie, was das voraussetzt? Unabhängigkeit, vor allem wirtschaftliche Unabhängigkeit. Wie können sie uneingeschränkt über sich bestimmen, wenn Sie wirtschaftlich abhängig sind? – Soll ich Ihnen sagen, wie? – Gar nicht.
Kleine Pause
Schulze: Ziehen Sie los, bebauen Sie Ihren Acker. Der ernährt Sie, und Sie sind unabhängig, ja? – Nicht ganz, sehen Sie auch zu, daß er soviel abwirft, um Sie mit sonst allem, das Sie benötigen, zu versorgen. Und selbst da sind Sie in Abhängigkeit. Sie brauchen jemanden, der Ihnen abkauft, was Sie an-

40

gebaut haben. Also, am Leben erhalten könnten Sie sich, aber nur so lange, wie Sie nicht krank werden und einen Arzt brauchen, den Sie bezahlen müssen. Oder wollen Sie Ihre Unabhängigkeit auf Kosten von Menschen leben, die von Ihnen abhängig sind und Sie mit ihrer Arbeit erhalten? – Wollen Sie das? – Wenn nicht, dann sagen Sie mir, wie erhalten Sie sich?

‚Brutus‘: Von meiner Arbeit.

Schulze: Und wenn man sie Ihnen nimmt?

‚Brutus‘: Mir nehmen? – Sie haben eine Verpflichtung, mir Arbeit zu geben... eine moralische Verpflichtung.

Schulze: Wer sie?

‚Brutus‘: Die Anstaltsleitung.

Schulze: Und wenn denen die Mittel ausgehen? – Was wissen Sie denn!

‚Brutus‘: Dann gibt es den Staat.

Schulze: Ach, und das sagen Sie!

Der Idiot (singt): Wes Brot ich eß, des Lied ich sing. Wes Mark ich krieg, des Lob ich preis.

Schulze: Verstehen Sie mich nicht falsch – Sie wissen, wir sind für den gesunden Staat. Der gesunde Staat bedeutet soziale Leistungsfähigkeit.

Der Idiot (singt): Die Hand, die mich füttert, die beiß ich nicht. Die Hand, die mich streichelt, die...

‚Brutus‘ (zum Idioten): Ruhe! – *(zu Schulze)* Ja, dann gibt es den Staat... oder es gibt Aufruhr!

Schulze (winkt ab): Aufruhr... Im Gegensatz zu Ihnen stehe ich in der Verantwortung. Ich weiß, was

41

möglich ist und was nicht. Machen Sie endlich die Augen auf.

‚Brutus': Aufruhr, jawohl! – Und Sie, Sie mit Ihrer Gullyperspektive! Wir müssen auf hohe Postamente steigen, wenn wir weit blicken wollen! – Was machen Sie? Sie steigen in Kanalschächte, daß Sie mit Ihren Augen auf Höhe des Rinnsteins sind und beurteilen von da aus die Welt und sagen, was sie von ihr fordern.

Schulze: Dann steigen Sie auf Ihr Postament! Doch sehen Sie zu, daß es nicht zu hoch ist. Sie wissen ja, wer hoch steigt...

Der Idiot (schreit): Das Selbstbestimmungsrecht! – *(zu ‚Brutus', laut)* Sprachen Sie vom Staat? Wirklich vom Staat?

‚Brutus': Beruhigen Sie sich.

Schulze: Haben Sie was gegen den Staat?

Der Idiot (wie im Nachsinnen): Staat? Was ist das?

‚Brutus': Der Staat...

Schulze: Der demokratische Staat...

‚Brutus': Der Staat, der demokratische Staat...

Schulze: ...mit seiner sozialen Verantwortung stellt die politische und sittliche Vervollkommnung des Menschen dar.

Der Idiot (lacht): Die Vervollkommnung des Menschen? Ihr –?

Kleine Pause, während der Schulze und ‚Brutus' sich amüsiert ansehen.

Schulze: Darf man fragen, was Ihr erster Eindruck von unseren politischen Vorstellungen ist?

42

Der Idiot: Muß ich ehrlich sein?

Schulze: Bitte.

Der Idiot: *Alle* Parteipolitik ist Gullyperspektive.

Kleine Pause

‚*Brutus*‘: Das sagen Sie?

Schulze: Marat, Sie sagen das? – Der Kämpfer für die Republik und die Rechte des Volkes? – Dessen Blut...

Der Idiot (schreit): Gehen Sie mir zum Teufel mit Marat! – *(ruhiger)* Wer seid ihr, daß ihr mich Marat schimpfen müßt? Den Dummkopf Marat. Haha, welch Schafsdummkopf! Als hätte er nicht wissen müssen, daß die alte Leier immer weitergeht... mit stets nur neuen Herren. Und egal welche Herren, ein Oben und Unten *ist*. Wie soll's auch anders gehen? Ein Oben und Unten muß sein. Wer soll den Pöbel in Schach halten? – Der einzige... ‚Fortschritt‘, den es gibt, ist der, daß der Pöbel keinen Mangel mehr spürt. Er pflegt heute seinen Rasen und Blumenrabatte, wo er früher ein Kaninchen grasen ließ. Ein armes Kaninchen... sein einziger Festtagsbraten im Jahr. Ja, keinen Mangel und dennoch ungestilltes Gelüst... den Sinn nach immer mehr.

‚*Brutus*‘: Sie reden zynisch, Marat.

Der Idiot: Brutus, du weißt nicht, wer der Herr ist? Immer der Herr sein wird? – Wie ist Caesar zum Herrn geworden? Sag, wie? – Wie ist er nach Gallien gezogen? Und wie kam er zurück? – Ja, mit Milliarden plötzlich in der Tasche, aus dem unterworfenen Land gepreßt – und über Nacht war er der Herr.

Den *Mann* habt ihr aus der Welt geschafft, den wirklichen Herrn jedoch nicht. Der bleibt, bleibt immer – *Geld* kann man nicht töten. Und wo Geld ist, ist Oben und Unten und da sind Herren. – Und war es bei Marat etwa anders? Die Herrschenden wurden getötet, verjagt und enteignet. War damit das Geld aus der Welt?

Schulze: Die Bourgoisie... nieder mit den Ausbeutern!

Der Idiot: Ganz recht, der Freiheitsheld Marat, euer Held. – In Wahrheit: der neue *Herr*! Herr über Leben und Tod sogar! – Brutus, weißt du das nicht?

,*Brutus*': Ich bin nicht Brutus, ich habe Ihnen das bereits gesagt.

Der Idiot: Was sind Namen! Du bist, was du bist. Ein Werkzeug, ein Nichts.

Schulze (lacht): Und was Großartiges sind Sie, daß es Ihnen nicht genügt, Marat zu sein?

Der Idiot: Ein *Mensch*.

Schulze: Ein Mensch?

,*Brutus*' *(lacht)*: Ein Mensch! Etwas höchst Seltenes!

Der Idiot: Etwas ganz und gar Seltenes.

,*Brutus*': Und wie wird man ein – Mensch?

Der Idiot: Ich bin das Menschtier – das menschgewordene Tier.

,*Brutus*' *(lacht)*: Nichts Überirdisches? Kein – Gott?

Der Idiot: Nein, ein Mensch. – Ich bin Mensch, und ich bin Tier. Doch ich bin das Tier, das sich im Men-

44

schen befreit hat, wie es seine Bestimmung ist. Ich habe dem – *Raubtier* entsagt!

‚Brutus‘: Tatsächlich, eine Rarität. Schade, daß wir keinen Zoo hier haben. Was für eine Sensation!

Schulze: Sind Sie deswegen –? Ich meine, ist das der Grund, warum man Sie –?

‚Brutus‘: Natürlich, wer dem ‚Raubtier‘ entsagt, wird in die Irrenanstalt gesteckt. Er ist eine Gefahr für die Allgemeinheit. Er verdirbt die Jugend, er gibt ein zu schlechtes Beispiel in seiner jämmerlichen Existenz. Wo bleibt da die Würde, die Würde des Menschen! – *(zum Idioten)* Denken Sie nicht an das Bild, das Sie anderen geben? Was ist mit Ihrer staatsbürgerlichen Gesinnung!

Der Idiot: *Ihr* seid weder Mensch noch Tier. Ihr seid die Unentschiedenheit des Lebens... ohne innere Bestimmung. Ihr taumelt nur so dahin, ihr flattert vom Morgen zum Abend. Flattern ist euer Leben, und wohin es euch führt, ihr wißt es nicht. Honigsaugen und Flattern und Flattern und Honigsaugen, das ist euer Sinn. Und sinkt die Sonne, vergeht aller Sinn und ihr mit ihm. Ihr seid die laxe Unentschiedenheit, die sich weder für das Leben noch für den Tod begeistern kann. Ihr wollt nur existieren, in lauer Wohlfühltemperatur existieren. Ihr seid die Müller, Meier, Schulze der flüchtigen Gesinnung. Flüchtig wie die Fernsehbilder, die ihr seht und die ein Nichts sind, so wie ihr. Euer ganzes Sinnen geht auf das Leben ohne Schicksal – was für ein Leben! Ist es wert, Leben genannt zu werden? – Geht, geht, ich bitte

45

euch, geht, mein Herz wird zu Stein, mich friert's zu sehr in eurer Nähe.

Schulze: Ein Verrückter.

Der Idiot: Ein *Verrückter*! – Sagte ich das nicht?

Kleine Pause

Der Idiot (lächelt): Ich bin – Zarathustra.

Vierte Szene

Sitzungsraum der Anstalt; das Führungsgremium ohne Schulze an einem Konferenztisch
Direktor: Meine Herren, ich begrüße Sie zu unserer wöchentlichen Sitzung. *(blättert in einigen Papieren)* Soweit ich sehe, sind Ihrerseits keine Punkte zur Tagesordnung eingereicht worden – *(blickt in die Runde)* oder jetzt nachträglich vielleicht? – Nicht? Gut. Von seiten der Direktion liegt auch nichts Formelles an. Ich meine jedoch, daß wir zumindest informell über die Wahl reden sollten, die uns nächste Woche ins Haus steht. Wie wir Schulze kennen, wird er uns ein Ergebnis präsentieren, an dem wir wieder zu knabbern haben. Stichwort: Geld. Und alle Jahre wieder: mehr Geld bei weniger Arbeitszeit. Wir sollten uns vorab Gedanken machen, wieviel Spielraum wir haben.
Vorsitzender (steht auf, beginnt umherzugehen): Gar keinen.
Direktor: Herr Vorsitzender, gar keinen geht nicht, das wissen Sie.
Vorsitzender: Es muß gehen, diesmal muß es gehen.
Direktor: Und dann?
Vorsitzender: Wie und dann?
Direktor: Die Folgen.
Vorsitzender: Die Folgen! – Das müssen Sie im Griff haben, Sie sind der Anstaltsdirektor.
Direktor: Und Sie der Vorsitzende des Kuratoriums, der Verantwortliche beim Träger. Wie soll ich meiner

47

Verantwortung nachkommen, wenn ich von Ihnen nicht die nötige Unterstützung habe?

Vorsitzender: Und Unterstützung heißt Geld, wie einfallslos.

Direktor: Geld, natürlich. Wie sonst soll es gehen?

Professor (steht ebenfalls auf): Herr Vorsitzender, es wird von Jahr zu Jahr schwieriger, wir wissen das, aber ich will darauf hinweisen, daß es dieses Mal nicht nur um die Forderungen des Patientenrates gehen kann. Wir müssen unbedingt wieder in die medizinische Struktur investieren. Die Bäderabteilung, ein neuer Tomograph...

Vorsitzender: Unmöglich.

Pfarrer: Auch die Totenkammer – das sind unwürdige Verhältnisse mittlerweile, eine Rumpelkammer macht mehr her.

Vorsitzender: Meine Herren, woher nehmen, wenn nichts ist?

Direktor: Herr Vorsitzender, über alle Interessengegensätze hinweg waren wir uns immer einig und sind gut gefahren damit, nach dem Motto zu arbeiten: Deckel drauf, aber nichts zum Kochen kommen lassen. Ruhe, Ruhe in der Anstalt ist erste Pflicht. Man kann Forderungen nicht ganz ignorieren, das baut unnötigen Druck auf. Solange die nicht die ganze Hand nehmen, wenn man ihnen den kleinen Finger reicht, ist alles in Ordnung.

Vorsitzender: Noch einmal, wir haben keine Spielräume.

Professor: Dann müssen wir es machen wie immer – Kredit.

Vorsitzender: Auch mit der Politik ist irgendwann Schluß.

Direktor (erhebt sich auch): Aber noch nicht so bald, oder?

Vorsitzender: Meine Herren, wir müssen an die Zukunft denken. Wenn der Träger Jahr für Jahr neue Kredite aufnimmt, ist die finanzielle Gestaltungskraft in sieben, acht Jahren null. Dann können wir nur noch Zinsen zahlen und Schulden abtragen.

Pfarrer: Es gibt eine Währungsreform, was sonst? Das macht man doch ab und an mal. Alle Schulden sind über Nacht fort, und jeder fängt wieder bei Null an. *(lacht)* Sind wir denn die einzigen, die auf Pump leben!

Professor: Herr Pfarrer, Herr Pfarrer!

Pfarrer: Nun ja, aber relativ gutes Geld wird mit schlechtem zurückbezahlt – der Inflationseffekt... so ist es doch, oder? Dazu ein immer höheres BIP, höhere Steuern, mehr Geld im Umlauf, das fängt sich alles selbst auf.

Vorsitzender: Sie müssen uns bitte keine Einführung in die Volkswirtschaftslehre geben, Herr Pfarrer – es geht nicht.

Direktor: Erlauben Sie die Frage, Herr Vorsitzender – wann gehen Sie in den Ruhestand?

Vorsitzender: In drei Jahren.

Direktor: Was machen Sie sich dann in aller Welt Gedanken darüber, was in sieben oder acht Jahren sein wird? *Wir* haben jetzt die Verantwortung, und wir müssen jetzt sehen, daß der Betrieb störungsfrei läuft. Was in acht oder zehn Jahren ist, das müssen andere verantworten.

Vorsitzender: Unsere Verantwortung schließt das mit ein.

Direktor: Ich sehe, wir kommen damit nicht weiter. Es sollte auch nur ein erstes informelles Gespräch sein. Aber Sie erlauben, Herr Vorsitzender, daß wir Ihnen von seiten der Anstalt eine Resolution zukommen lassen, in der wir unsere Sorgen und Forderungen auf das deutlichste zum Ausdruck bringen werden. Angesichts weiterer Entscheidungsträger im Kuratorium brauchen wir ja auch nicht ganz ohne Hoffnung zu sein.

Vorsitzender: Ich protestiere bereits jetzt.

Direktor: Gut, dann können wir Schulze hinzuholen. *(geht zu einer Tür, ruft hinaus)* Schulze, bitte.

Schulze kommt herein, grüßt zu allen hin.

Direktor (zu Schulze): Einige Interna des... *(lacht)* Klassenfeindes, ich sagte es Ihnen. – So, hat noch jemand etwas?

Professor: Nur am Rande... zur Vergewisserung sozusagen – wir haben da jetzt diesen... ‚Revolutionär‘, ein unruhiges Element, wie man hört – übrigens, kennen die Herrschaften ihn? *(sieht sie an)* Nicht? – Ein interessantes Individuum. *(geht nach draußen, ist sofort zurück)* Also, bleibt es bei unserer Politik?

Direktor: Warum nicht? Sie hat sich bewährt.

50

Professor: Ich habe ihn nicht so erlebt, aber er scheint ein wirklich unruhiges Element zu sein.
Schulze: Das kann ich bestätigen – anarchistische Gesinnungen, glaube ich.
Direktor: So, anarchistisch – in welcher Form?
Schulze: Reden, Gerede.
Direktor: Keine Unkontrolliertheiten gegen Sachen oder Personen?
Schulze: Bei der Einlieferung, soviel ich weiß, sonst nicht.
Direktor (zum Professor): Die medizinischen Indikationen und Konsequenzen daraus sind natürlich Ihre Sache. Im allgemeinen Betrieb jedoch sollte es bei dem bleiben, was wir haben – Akzeptanz, verstehen Sie? Deeskalation in kritischen Situationen. Grundsätzlich gewähren lassen, reden allemal. Und warum nicht? – Da hört sowieso keiner zu, das geht im allgemeinen Geschrei unter. Man sollte das sogar fördern. Je mehr schreien, desto weniger wird zugehört. Wenn es still würde, hieße das Obacht geben. Und generell natürlich die Dinge im Auge behalten. Mitkriegen... *(faßt in eine Tasche, holt sein Handy heraus, hält es hoch)* mitkriegen, was sie so treiben.
Schulze: Herr Direktor...
Direktor: Ja?
Schulze: Als Vertreter einer demokratischen Organisation... als demokratisch legitimierter...
Direktor: Schon gut, Schulze. – Also Meinungen, Redefreiheit, alles kein Problem, aber friedlich, bitte. Gewalt ist nicht erlaubt. Gewalt ist ein Fanal, ein

51

sichtbares Fanal gegen die Ordnung, da müssen wir eingreifen. Die einprägsame Grundregel: mögen sie machen, was sie wollen, solange es nur die Grundordnung nicht gefährdet.

Professor: Und Schicklichkeitsverletzungen?

Direktor (lächelnd, erstaunt): Was sind Schicklichkeitsverletzungen?

Professor (lächelt ebenfalls): Ich meine nur – aber wird damit die Ordnung auf Dauer nicht ebenfalls untergraben?

Direktor: Wir schreiben niemand vor, was ... äh, schicklich ist, wie weit er sich vor anderen oder sich selbst, nun ja, sagen wir es ruhig... entblödet. Das für sich zu bestimmen, ist ein gut Stück Recht auf Persönlichkeit und freie Persönlichkeitsentfaltung. *(lächelt wieder)* Und es nimmt Druck aus dem Kessel, vergessen Sie das nicht. *(zum Professor)* Ist damit –? *(blickt umher)* Keine Fragen mehr? – Gut, dann können wir zum vergnüglicheren Teil übergehen... Schulze, seien Sie so gut.

Schulze geht zur Tür, klatscht in die Hände. Die Troupiers kommen herein, in Trainingsanzügen, zwei mit Hanteln. Sie nehmen in etwas Abstand Aufstellung hinter ihren jeweiligen ,Herren', die sich an einem zweiten Tisch postieren, auf dem sich das Spiel befindet. Die Herren holen Zettel hervor und prüfen den Spielstand.

Pfarrer: Wir sind gehalten, an das Gute im Menschen zu glauben, und darum...

52

Direktor: Wir sind nicht nur gehalten, wir *glauben* an das Gute im Menschen, und darum glauben Sie mir, alles ist unverändert, so wie wir es beim letzten Mal verlassen haben.

Professor: Gut, fangen wir also an. Wer war dran?

Pfarrer: Sie.

Professor: Richtig, ich. *(er würfelt)*

Schulze: Die Fünf.

Professor: Die Fünf – wollen wir doch mal sehen...

Vorsitzender: Mir ist zu Ohren gekommen, daß Ihr Mann zusätzliche Trainingseinheiten absolviert. *(dreht sich um)* Er hat ja sogar jetzt seine Hantel dabei. Was soll das bedeuten? – Sie erinnern sich, daß wir Limits vereinbart haben?

Direktor (dreht sich ebenfalls um): Und Ihr Mann? Was ist das, was er dabei hat?

Vorsitzender: Nur eine Reaktion.

Direktor: Aha, Reaktion. Wessen Mann hat vorgestern –?

Vorsitzender: Worauf sprechen Sie an?

Direktor: Worauf wohl! Unerlaubte Trainingseinheiten!

Vorsitzender: Er war verletzt und konnte erst ab vorgestern...

Direktor: Haben Sie Belege?

Vorsitzender: Belege? – Das ist Einmischung in meine Angelegenheiten! *(gibt seinem Troupier ein Zeichen; der beginnt mit der Hantel zu arbeiten)*

Direktor: Aha, so ist das. *(bedeutet seinem Troupier ebenfalls sich warm zu machen)*

53

Professor: Was soll das bedeuten?

Vorsitzender: Nur für den Fall, daß... Aufwärmarbeit.

Professor (zu seinem Troupier) Aufwärmarbeit!

Pfarrer: Meine Herren, Vertrauen! Keine Provokationen!

Schulze: Sie sind dran, Herr Vorsitzender.

Vorsitzender (schaut auf das Spiel) Was brauche ich? – Was wäre gut? – Eine Sechs, nicht? *(würfelt, klatscht in die Hände)*: Ah, die Sechs!

Direktor: Der Wurf war nicht korrekt.

Vorsitzender: Wie! – Was war da nicht korrekt?

Direktor: Sie haben an den Tisch gestoßen.

Vorsitzender: Niemals!

Direktor: Als der Würfel auf der Kippe stand, haben Sie an den Tisch gestoßen und er fiel zur Sechs.

Vorsitzender (zu den anderen): Meine Herren, reden Sie! Das ist ein Affront! *(zum Direktor)* Unterstellen Sie mir Absicht?

Direktor: Absicht oder nicht, das Ergebnis wurde beeinflußt. Ich verlange Wiederholung!

Vorsitzender: Niemals! *(zu den anderen)* Sagen Sie etwas!

Pfarrer (zuckt die Schultern): Tut mir leid...

Schulze: Ich kann auch nichts sagen.

Direktor: Schulze –!

Schulze: Ich... ich – tut mir leid.

Professor: Ich werde den Teufel tun und es mir mit einem von Ihnen beiden verderben. Man muß sich Partnerschaften offenhalten, oder? Das ist ein strategisches Spiel, vergessen Sie das nicht. Und es geht um Sein oder Nichtsein, nicht wahr?

Direktor: Sie werden es sich mit *zweien* verderben! Bitte, Ihre Stellungnahme!

Professor (zuckt die Schultern, zum Vorsitzenden): Also Wiederholung, oder?

Vorsitzender: Nein.

Direktor: Das muß Konsequenzen haben.

Vorsitzender: Ich bin bereit.

Pfarrer: Meine Herren, bitte. Das läßt sich gütlich regeln. Eine Lappalie...

Schulze: Ich schlage vor, wir stimmen ab.

Alle schütteln mit deutlichem Unwillen den Kopf.

Direktor: Schulze! – Schulze... wann begreifen Sie, daß das Spiel nach seinen eigenen Gesetzen abläuft! Demokratie hat hier nichts verloren, Sie demokratischer Tugendbold!

Ein Wärter bringt den Idioten herein. Der tritt zögernd in den Raum, verbeugt sich zu den Herren hin.

Professor: Ah, unser ‚Revolutionär'! – Meine Herren, darf ich Ihnen vorstellen: Marat, der Held der Neuzeit... und des neuen Menschen!

Der Idiot: Ich bin nicht Marat.

Professor: Nicht?

Der Idiot: Nein.

Professor: Und mit wem haben wir die Ehre?

Der Idiot zuckt die Schultern.

Professor: So, Sie wissen es nicht. *(lächelt, sieht die anderen an, die ebenfalls amüsiert lächeln)*

55

Der Idiot (blickt zum Spieltisch): Spielen Sie das Spiel?

Professor: Tut mir leid, meine Herren, so interessant ist es wohl nicht mehr, aber als Marat war er... *(er nickt und lächelt wieder)*

Vorsitzender: Gut, wo waren wir? Ah, ja... Schulze – seit wann gibt es Abstimmungen darüber, wer was besitzt, wem was gehört?

Direktor (zeigt auf Schulze, zu den anderen): Er ist ja eigentlich ein verständiger Mensch und verläßlicher Partner, aber manchmal gehen die Gäule mit ihm durch, oder? *(zu Schulze)* Überkommen Sie dann Jugendschwärmereien? – Das Experiment mit volkseigenem Vermögen und ähnlichem Getue hatten wir doch bereits, in großem Stil sogar. Haben Sie vergessen, wie es ausgegangen ist, ausgehen mußte? – *(zu den anderen)* Was wäre das für ein Spiel? Ich frage Sie, was für ein Spiel?

Vorsitzender: Wo alles unveränderlich festgelegt ist, die Eigentumsverhältnisse vor allem. Was könnte man da noch spielen? Wäre das überhaupt ein Spiel?

Direktor: Schulze, Spiel ist Bewegung, Leben ist Bewegung... *Veränderung!* – Heute so, morgen so, rechts, links, oben und unten, auch das. Man muß Menschen und Kräften Raum geben, sich zu bewegen, Freiheit, sich zu entfalten. Auf dem Friedhof braucht man das alles nicht, aber wir stehen im Leben. Dynamik, Anspannung, Spannung, Emotionen! Erfolg! – Schauen Sie auf den Sport. Was wäre Sport ohne all das? – Sport ist ein Abbild des Lebens, und Sieger und Verlierer sind sein logisches Resultat. Sonst ist kein Sinn darin, oder wollen Sie abstimmen lassen, wer Hundert-Meter-Olympia-sieger wird? – Schulze –!

Professor: Das demokratische Denken ist tief eingewurzelt, wie schön doch. – Übrigens, war es nicht Platon, Platon höchstselbst... *(schaut in die Runde)* verbessern Sie mich, wenn ich...

Pause, während der alle ihn ansehen und den Kopf schütteln oder mit der Schulter zucken

Der Idiot: Platon, ja.

Schulze: Und was?

Der Idiot: Eine dekadente Erscheinung.

Schulze: Die Demokratie?

Professor: Die Herrschaft des Volkes bzw. des Pöbels, wie er sich auszudrücken beliebte.

Schulze: Des Pöbels? *(schüttelt den Kopf)* Wie kann er das sagen?

Direktor: Eben. – Und wo es nicht einmal zutrifft, nicht wahr, Schulze.

Schulze: Was?

Direktor: Nun, was wohl!

Schulze: Die Herrschaft des Volkes?

Mit Ausnahme Schulzes lachen alle.

Professor (zum Idioten): So, Platon ist Ihnen geläufig... sehr interessant. Und Sie haben gerade gelacht, warum?

Der Idiot (mit Betonung): Die heilige Kuh Demokratie!

Direktor: Die heilige Kuh, sehr schön!

57

Professor: Beten Sie die Kuh an?

Der Idiot: Nein.

Professor: Aber?

Der Idiot: Schlachten!

Direktor: Was! – Wen?

Der Idiot: Die heilige Kuh... alle heiligen Kühe!

Pfarrer: Was reden Sie! Sind Sie –? *(macht eine bezeichnende Geste)*

Der Idiot: Nein, bin ich nicht.

Pfarrer (verlegen): Verzeihen Sie.

Direktor: Na, so weit wollen wir auch nicht gehen... schlachten, nein. Heilige Kühe sind sehr nützlich, nicht wahr, meine Herren? Wie jede Heiligkeit haben sie einen Schein... einen gewissen Dunst um sich herum, ja, einen Heiligenschein. Der wird allgemein respektiert... und damit ebenso das, was hinter dem Dunst geschieht. Sie verstehen mich, meine Herren, ja?

Vorsitzender: Höre ich da eine Art von Zynismus heraus?

Direktor: Keineswegs doch, Herr Vorsitzender, wo denken Sie hin! Ist die Realität zynisch? Will... kann sie das überhaupt sein? Sie ist, was sie ist. Realität eben, allseits akzeptierte Realität. – Realität ist, was die Menschen sind... und umgekehrt.

Der Idiot: Demokratie ist der Schafspelz, unter dem Wölfe in ihrem Gelüsten daherkommen.

Professor (zeigt auf den Idioten, zunächst belustigt, sieht zu den anderen, danach abwehrend): Nicht doch, nicht doch!

58

Der Idiot: Und Demokraten sind Wölfe, die Schaf-stugenden predigen, von ihrem Wolfsgelüsten jedoch nicht lassen.

Schulze: Herr Professor!

Der Idiot: Es gibt ehrliche Wölfe, die sprechen: ‚Siehe, Schaf, ich bin ein Wolf. Ich zeige dir meine Zähne, sei auf der Hut.' Und es gibt verschlagene Wölfe, die decken ihre Augen und sprechen: ‚Siehe, Schaf, wir heben die Barbarei der Natur auf. Wir schaffen ein Recht, in dem alle gleich sind und gleichermaßen bestimmen – Schafe und Wölfe und alle sonst.' Und die so sprechen, nennen sich Demokraten. Beute reißen sie nicht länger auf offener Flur, sondern im Dickicht ihrer Gesetze.

Direktor (lacht): Verschlagene Wölfe – gut, gut.

Vorsitzender: Herr Direktor, ich muß doch bitten!

Der Idiot: Und die verschlagenen Wölfe sprechen weiter zu den Schafen: ‚Seht, die treuesten Hausgenossen des Menschen sind wir, *Hütehunde*. Friedlich wie ihr und die Menschen.' Und die Schafe blöken: ‚Treuliche Hütehunde seid ihr, ja, hütet uns und unsere Lämmer!'

Vorsitzender: Herr Professor, genug des Schauspiels! – Das ist, das ist...

Direktor: Aber Herr Vorsitzender, das ist amüsant, höchst amüsant, nicht wahr? *(schaut in die Runde)*

Alle zeigen sich distanziert. Der Professor bedeutet dem Wärter, den Idioten hinauszubringen.

Der Idiot (im Abgehen, dreht sich um, während der Professor den Wärter mit Gesten drängt sich zu be-

eilen): Demokratie ist der Circus Maximus ichsüchtiger Verirrung. Mit Gladiatorenkämpfen, in denen *alle* verlieren... Schwertschwinger *und* Gaffer. Ja, Großmächtige in Purpurlogen ebenso wie Geringvermögende auf Steinstufen. Die meisten früher, wenige später! *(geht weiter, dreht sich vor der Tür noch einmal um)* Brüderlichkeit, Brüder! Allein Brüderlichkeit wird euch retten!

Pause, während der einige zu Boden blicken, andere umhergehen. Niemand sieht einen anderen an.

Direktor: Egal. Soviel zum Thema Abstimmung, Schulze, ja?

Sie gehen zum Spieltisch.

Professor: Also, wie weiter?

Direktor. Letzte Aufforderung an die Bahnhofstraße! *(Vorsitzender schüttelt den Kopf)* Gut, die Bismarckstraße wird für ihr Recht kämpfen.

Vorsitzender: Die Bahnhofstraße ebenfalls.

Professor: Schulze, seien Sie so gut.

Schulze (geht zur Tür, ruft nach draußen): Wärter, bitte!

Direktor und Vorsitzender gehen zu ihren Troupiers, sprechen kurz mit ihnen. Gleichzeitig kommen drei Wärter herein. Zwei nehmen Aufstellung, einer fungiert als Kampfbeobachter.

Direktor: Meine Herren, ich habe einen kleinen Imbiß bereiten lassen, bitte.

Sie begeben sich zu einem Tisch und fangen an zu essen und zu trinken, plaudern dabei, dann gibt der Direktor dem Kampfbeobachter ein Zeichen.

60

1. Wärter: Los!

Die zwei Troupiers beginnen zu kämpfen, die Herren schauen vom Tisch aus zu.

Professor (stellt sich neben den Vorsitzenden): Ihr Mann verliert.

Vorsitzender: Warten wir´s ab.

Professor: Er verliert.

Vorsitzender: Was verlangen Sie?

Professor: Die Bahnhofstraße...

Vorsitzender: Sind Sie –!

Kleine Pause

Vorsitzender: Es ist in Ihrem eigenen Interesse, wenn er nicht gewinnt. Also, lassen Sie die Kirche im Dorf.

Professor: Die Bahnhofstraße plus den Quellenhof. – Wenn Sie sich nicht bald entscheiden, ist es zu spät.

Vorsitzender: Den Quellenhof, weiter nichts. Ich kann mich auf meinen Mann verlassen – da, sehen Sie!

Professor: Gut, den Quellenhof.

Sie reichen sich die Hand. Der Professor gibt seinem Troupier das Zeichen einzugreifen. Der attackiert zuerst den falschen Mann.

Professor (ruft): Den anderen!

Zu zweit gehen sie gegen den Troupier des Direktors vor. Schulze und der Pfarrer beraten sich kurz und geben ihren Männern ebenfalls das Einsatzzeichen.

Pfarrer: Los, Attacke! Die Bahnhofstraße!

Schulze: Ja, die Bahnhofstraße!

Der Kampf wird heftiger. Einer der Kämpfer greift einen Stuhl, zertrümmert ihn und geht mit einem Stuhlbein auf die anderen los, die ebenfalls Stuhlteile aufnehmen.

Pfarrer: Meine Herren, lassen Sie uns das beenden! Wir wollen nicht schon wieder –!

Vorsitzender (zum Direktor): Einverstanden?

Direktor: Einverstanden. *(er pfeift; die Wärter stürzen sich zwischen die Kämpfenden und trennen sie; zwei, die schon am Boden liegen, werden auf die Beine gestellt, alle zusammen nach draußen geschafft; währenddem)*

Vorsitzender: Meine Herren, meine Herren, welch eine Aggressivität wieder!

Direktor: Ja, bedauerlich, die Sache ist aus dem Ruder gelaufen. *(zum Professor)* Was mußten Sie auch intervenieren!

Professor: Man sieht, wo man bleibt – *(lacht)* Sein oder Nichtsein, nicht wahr?

Direktor: Ich nenne das in den Rücken fallen.

Professor: Ach, nein, sind hier plötzlich moralische Qualifizierungen im Spiel? – Das wäre doch wirklich neu!

Alle lachen.

Pfarrer: Na, sehen Sie, ein herzliches Lachen...

Vorsitzender: Eben, ein Spiel, nichts als ein Spiel.

Direktor: Mein Vorschlag: wir lassen alles beim alten Stand und fangen da beim nächsten Mal wieder an. Ihre Zettel haben Sie ja noch.

Vorsitzender: Einverstanden.

Professor: Alle einverstanden? Herr Pfarrer? Schulze?

Direktor: Bestens. Dann wollen wir zum höchstvergnüglichen Teil übergehen. Schulze, bitte... und gleichzeitig danke. Das war´s für Sie.

Schulze geht. ‚Salome' kommt herein. ‚Ah' und ‚Oh' der Herren. Der Direktor begrüßt ‚Salome' mit einem Handkuß. Die Herren nehmen bis auf den Pfarrer Platz.

Direktor: Herr Pfarrer, Sie dürfen heute den Herodes geben?

Pfarrer: Ich bin an der Reihe, ja.

Direktor: Bitte, aber geben Sie ihn passend – recht züchtig! Wie sich das für einen artigen Stiefvater gegenüber dem unschuldigen Töchterchen geziemt!

Alle lachen. Der Pfarrer geht zu einem Stuhl abseits, wirft sich ein ‚Tetrarchengewand' über, setzt sich eine Krone auf, kommt mit dem Stuhl mehr in die Mitte der Bühne, läßt sich nieder.

Direktor: Prinzessin Salome, erfreuen Sie König Herodes mit dem Tanz der sieben Schleier, bitte.

Er setzt sich, schaltet per Fernbedienung ein Abspielgerät ein. ‚Salome' knickst. Die Strauss'sche Musik setzt ein. ‚Salome' tanzt, als tanze sie allein für ‚Herodes'. Der bleibt zunächst sitzen, streckt dabei die Arme verlangend nach ihr aus, steht dann auf, folgt ihr, umkreist sie, liegt und kriecht auch am Boden oder bewegt sich auf allen vieren, ist auf lüsterne Weise die meiste Zeit mehr oder weniger nah

63

an ihr dran. Dabei anfangs ab und an Gelächter der anderen.

Fünfte Szene

Wie zu Beginn der zweiten Szene.
Der Idiot (hält einen Patienten an): Mahatma! Welche Ehre! Welch ein Glück mir widerfährt! Du Vater der Völker, du Verkünder des Friedens und der Friedfertigkeit, du weiser, bescheidener Mann! Ich verneige mich vor dir. *(kreuzt die Arme über der Brust und verneigt sich)* Große Seele, die du darum ein großer Mensch... nein, die du darum ein *Mensch* bist, laß mich in dein Herz schauen, daß auch ich Mensch werde. *(Patient will weiter)* Bitte, Mahatma – wenigstens dies: wie bist du deinen Weg gegangen?
,Mahatma': So, wie ich ihn gegangen bin. *(zeigt hinter sich)*
Der Idiot: Ja, ja, so, genau so. – Sag einmal: non-cooperation.
,Mahatma': Non-cooperation.
Der Idiot: Ja! Und nun: civil disobedience.
,Mahatma': Civil...
Der Idiot: Disobedience.
,Mahatma': Civil disobedience.
Der Idiot: Ja! – So bist du ihn gegangen. Und nun: Geht in eure Hütten...
,Mahatma': Geht in eure Hütten...
Der Idiot: ...und spinnt euren Stoff selbst...
,Mahatma': ... und spinnt euren Stoff selbst...
Der Idiot: ...daß das Kapital in Britannien, nein, daß der britische *Wolf* keinen Profit an euch hat.

‚Mahatma‘: ...daß das Kapital in Britannien, nein, daß der britische *Wolf* keinen Profit an euch hat.

Der Idiot: Und seid friedlich im Herzen.

‚Mahatma‘: Und seid friedlich im Herzen.

Der Idiot: Große Seele, ich verneige mich vor dir. *(verneigt sich erneut, geht weiter, sieht ‚Bruder Martin‘)* Bürger Martin!

‚Bruder Martin‘: I have a dream.

Der Idiot: Ja, wie schön, ich sehe, du hast es nicht vergessen.

‚Bruder Martin‘: I have...

Der Idiot: Ja, ja... *(betrachtet ihn)* Bitte, sag: du gehst zu Frauen? Vergiß die Peitsche nicht!

‚Bruder Martin‘: Du gehst zu Frauen? Vergiß die Peitsche nicht!

Der Idiot (denkt etwas nach): Nein, nein! Das hast du nicht gesagt. – Wer war es noch? Zarathustra, nicht? *(geht weiter, gestikuliert, bleibt in der Raummitte stehen, mit großer Geste)* Also spricht Zarathustra: Wehe! Es kommt die Zeit des verächtlichsten Menschen, der sich selbst nicht mehr verachten kann. Seht! Ich zeige euch den *letzten* Menschen. – ‚Was ist Liebe? Was ist Schöpfung? Was ist Sehnsucht? Was ist Stern?‘ – so fragt der letzte Mensch und blinzelt. – ‚Wir haben das Glück erfunden‘ – sagen die letzten Menschen und blinzeln. – Jeder will das Gleiche, jeder ist gleich: wer anders fühlt, geht freiwillig ins Irrenhaus.

Kleine Pause

Der Idiot: *Wir* – wir sind die letzten Menschen!

66

‚Brutus' *(bleibt stehen)*: Haben Sie eine Partei gegründet? *(geht weiter)*

Der Idiot: Wir sind die letzten Menschen! – Unser Gespräch ist das Geplapper blinzelnder Puppen. Unsere Worte sind das Erbrochene von Schakalen, das wir aufnehmen und wieder ausspeien. Unsere Münder sind unrein von Unflat, den wir aus... *(zeigt zum Fernseher)* Apparaten schlingen und wiederkäuen. Unsere Hirne und Herzen sind leer. Weh, wir Verdorbenen, die uns nicht nach reinen Wassern dürstet, nach dem Trank der Wahrheit, nach der *Bescheidung* des Menschen, der nicht der letzte Mensch ist. In unseren Ohren ist das Gedröhn leerer Worte, das Getöse tönenden Nichts, aber in unserem Kopf ist die Stille der Geistesarmut. Wehe! Wehe!

‚Brutus' *(bleibt wieder stehen)*: Sie machen eine Wahlkampagne, geben Sie es zu. – Schulze! *(winkt ihn herbei)* Er macht eine Kampagne!

Der Idiot: Hinweg, du Schakal! Labe dich an deinem Erbrochenen! Vergifte nicht andere! Hinweg, all ihr Velozifer, die ihr die satanische Versuchung des Menschen zu sich selbst... *nur* zu sich selbst zu eurem Programm macht!

‚Brutus' *(zu Schulze)*: Hat er sich registrieren lassen?

Der Idiot: Ihr letzten Menschen – seht auf diese zwei! – Sie frönen dem Staat!

Kleine Pause

Der Idiot: Staat? Was ist das?

Kleine Pause

Der Idiot: Höret, Staat heiße ich's, wo Wölfe heulen, große und kleine – und kleine Wölfe sprechen: ‚Unterweise uns an Kehlen, großer Wolf, nicht an der Wade. Lehre uns Blut saufen, daß wir Blutmark in die Knochen kriegen, stark für den Kampf der Rangordnung.' – Höret, Staat heiße ich's, wo Wölfe, große und kleine, Kreide fressen und mit sanfter Stimme reden, doch seht, ich kenne euch, Wölfe, große und kleine – ich kenne euer Knurren, Fletschen, Beute reißen. – Einst sprach der Staat: Seht, ich bin der Große Wolf. Ich dulde keine Wölfe über, neben oder unter mir. Doch der Große Wolf ist schlau geworden. Die Macht anderer Wölfe zu der seinen mehrt ihm die Macht. So duldet er über sich die Wölfe des Kapitals, neben sich die Wölfe der Parteiungen und unter sich Wolfsbürger. ‚Doch ich bin der Große Wolf', spricht er noch immer, ‚ehret mich'. Und seine Bürger sprechen: ‚Großer Wolf, du gibst uns Wolfsfreiheit. Aber wir lieben dich nicht, wir verachten dich. Dennoch, gib uns mehr Freiheit, daß die letzten unter uns, die nur Wadenbeißer sind, Kampfhunde und Wölfe werden'. *(er geht wieder umher)*

‚*Brutus*' *(bei ‚Mahatma')*: Was hat er zu Ihnen gesprochen?

‚*Mahatma*': Geht in eure Hütten und spinnt euren Stoff selbst...

‚*Brutus*': Was?

‚*Mahatma*': ...daß der britische Wolf keinen Profit an euch hat.

68

‚Brutus‘: Der britische Wolf?

‚Mahatma‘: Und seid friedlich im Herzen.

‚Brutus‘: Friedlich im Herzen? – Schulze! – Schulze! – *(läuft ihm nach)* Geheimbotschaften! Umstürzlerische Parolen!

Schulze: Habe ich das richtig gehört, ist er freiwillig hier?

‚Brutus‘: Umstürzlerische Parolen!

Schulze: Ich auch. – Ich bin auch freiwillig hier.

‚Brutus’: Freiwillig?

Schulze: Haben Sie das gewußt?

‚Brutus‘: Sie, freiwillig – Sie?

Schulze: Ja.

‚Brutus‘ (schüttelt den Kopf): Können Sie jederzeit raus?

Schulze: Nein.

‚Brutus‘ (schüttelt wieder den Kopf): Freiwillig...

Schulze: Wenn der Professor meint, daß ich soweit bin. Das ist vereinbart, vertraglich vereinbart, notariell sogar.

‚Brutus‘: Ein freiwilliger Verrückter.

Schulze: Nun ja, man hat es mir empfohlen... sozusagen empfohlen. Aber es war keine Zwangseinweisung! *(geht weiter, ‚Brutus’ ebenfalls)*

Der Idiot (wieder in der Mitte): Sehet, Staat heißt, was der Hüter des Kapitals ist. Wahrlich, ich sage euch, ihr seid die *Knechte* des Kapitals. Ihr seid die nützlichen Idioten des Kapitals, die ihm zu ihrer Arbeitskraft noch seine Wolfslegitimität geben, eine ‚demokratische’ Legitimität. – Doch ihr seid die

69

Herde, was sonst, ihr bedürft des Jochs. Nur unter dem Joch findet ihr einen Weg... den *gewiesenen* Weg. Ihr seid nicht geübt, nach eigenen Wegen zu gehen. Ihr seid nicht des Geistes und nicht des Mutes. Wahrlich, Ochsen seid ihr, die ihren Nacken beugen und Fliegen groß tun. Löwen und Wölfen hingegen seid ihr Nahrung... und auch Würmern und Maden, die geringer sind als die Fliege. Doch die *Geringsten* aller seid ihr – und solltet die Würdigsten und Höchsten nur sein. Höret, Staat heiße ich's, wo das Mißtrauen gegen den *Menschen* ist wie gegen einen Feind. Wehe, ihr Fliegenmutigen und Wurmverfallenen, ihr seid das verlorene Geschlecht!

Alter Wärter (kommt eilig herbei): Bürger... Bürger – Herr Zarathustra, hören Sie auf, bitte.

Schulze (kommt hinzu): Lassen Sie ihn, Herr Wärter. Bei uns ist Redefreiheit.

Alter Wärter: Es wird Aufruhr geben.

Schulze: Es hört niemand zu... sehen Sie, niemand hört zu. Sie genießen ihre Freizeit. Sie ergehen sich... sie sehen fern... spielen Spiele... pflegen Kontakte.

Der Idiot (blickt über die Menschen im Raum): Apparate... überall Apparate. – Apparate und *Produkte*! Viele... zu viele.

Alter Wärter: Es ist gegen die Ordnung.

Schulze: So lange wir nur reden, ist nichts gegen die Ordnung.

Alter Wärter: Die Ordnung wird es nicht dulden.

70

Schulze: Die Ordnung hat es in der letzten Sitzung noch einmal ausdrücklich betont: es herrscht Redefreiheit. Wir sind freie Lichtenauer.

Alter Wärter (zum Idioten): Dann reden Sie, Bürger... Herr Zarathustra, aber nicht so laut, bitte nicht so laut. *(geht auf die Seite)*

Der Idiot (fängt zunächst leiser an): Der Staat ist euer Versucher in der Wüste – doch *nicht* zur Größe des Herzens. Klein will er euch sehen, botmäßig und kriecherisch. Und beißwütig gegen euresgleichen, daß ihr *ihn* nicht beißt. Wahrlich, folgt ihm nicht nach. Kehrt ein in die grünen Gärten eines *menschlichen* Genügens, auf daß er in seiner Wüste verderbe. Staat heiße ich die Ordnung eures *Untergangs*!

‚Brutus‘ (wieder bei ihm): Anarchistisches Geschwätz! – Schulze, jetzt aber mal! Sie stehen in der Verantwortung!

Der Idiot (lächelt): Staat heiße ich den Weihnachtsmann der Nachrichtengläubigen. Kindisch Unverständige sie, die leuchtenden Auges die Mär von immerwährender, seliger Weihnachtszeit, vom gütigen Geber mit einem stets vollen Sack Glitzergeschenke für Wahrheit nehmen. – Und schenkt er tatsächlich nicht viel und gibt reichlich? – Doch sehet, er nimmt stets mehr, als er gibt. *(hebt die Stimme)* Staat heiße ich den Wahlversprechen gewordenen Betrug! Ich heiße ihn Dummheit gewordene Lüge! Staat liest sich Lüge, Dummheit Parteigänger und Wähler!

‚Brutus‘: Schulze! – Sie Gullymensch! Unternehmen Sie was!

71

Der Idiot: Staat heiße ich die Blutarmut gewordene Verordnung. Ich heiße ihn das Verbrechen gewordene Gesetz!

‚*Brutus*‘: Schulze –! *(er attackiert Schulze, dann den Idioten, der sich nicht wehrt; attackiert weiter abwechselnd beide. Allgemeiner Tumult, Pfleger stürzen herbei, die unbeteiligten Patienten flüchten, ‚Brutus‘ und Schulze werden niedergeworfen)*

Der Idiot: Also spricht Zarathustra: Staat, du trägst den Heiligenschein des Gerechten, doch siehe, *Mensch*, es ist nichts als Gleisnerei der Scheinheiligkeit!

Alter Wärter eilt herbei, will ihn abschirmen, ein anderer Wärter jedoch drückt den Idioten zu Boden.

Doktor kommt hinzu, gibt ‚Brutus‘ eine Spritze.

Der Idiot: Staat heiße ich die Fleischwolf gewordene ‚Freiheit‘!

Schulze erhält eine Spritze. Dann der Idiot.

Der Idiot: Macht wollen sie und zuerst das Brecheisen der Macht – viel Geld!

Sechste Szene

Zimmer des Idioten. Er sitzt auf einem Stuhl. Alter Wärter steht dabei. Der Idiot ist ab jetzt mit Ausnahme des Beginns der nächsten Szene von innerer Ruhe.

Der Idiot: Habe ich Sie lange nicht gesehen?

Alter Wärter zuckt die Schultern.

Der Idiot: Mir scheint, ich war verreist. *(sinnt nach)* Ja, ein Land der Zypressen und Ölbäume.

Alter Wärter: Ölbäume? – Oliven?

Der Idiot: Ja, Ölbäume. – Ein Land der Sonne, der schimmernden Luft. Und nachts das Sternenzelt... das ganze – das weite Sternenzelt.

Alter Wärter: Wie schön.

Der Idiot: Ja, man verliert sich darin. Die Welt ist weiter als bei Tag, so unvorstellbar weit... und wir so klein. Man ahnt, was die Welt ist, wirklich ist, nicht eine kleine Erde allein. – So klein... so klein, daß man sich fragt, ob man überhaupt ist... und was man ist. – Wirklich etwas so Großartiges wie ein Staubkorn? *(denkt nach)* Hatten Sie das auch schon... ein solches Gefühl?

Alter Wärter: Ja. – Oft. Und je älter man wird, desto kleiner kommt man sich vor. Wenn man jung ist... man denkt, man muß nur die Hand ausstrecken und zugreifen und alles... ja, alles – nein, wenig... nichts.

Der Idiot: So unvorstellbar groß und so unbeschreiblich klein. *(denkt wieder nach)* Wird das Spiel noch gespielt?

73

Alter Wärter: Sie erinnern sich daran?

Der Idiot: Ja.

Alter Wärter: Es wird immer gespielt.

Der Idiot: Ja, immer. *(denkt nach)* Ich kenne es nur von draußen, aber da ist es kein Spiel, oder?

Alter Wärter: Nein, da ist es kein Spiel.

Der Idiot (winkt ab und steht auf): Ich habe zu viel vergessen. Ich kann mich nicht darauf besinnen. Ich weiß nur – nein, eigentlich weiß ich nichts. Ich war zu lange verreist.

Alter Wärter: Möchten Sie sich wieder erinnern?

Der Idiot: Muß ich mich nicht fürchten vor der Erinnerung?

Alter Wärter: Sie gehört zu uns. Wir *sind* Erinnerung, ob wir uns fürchten oder nicht.

Kleine Pause

Alter Wärter: Möchten Sie?

Der Idiot: Ja.

Alter Wärter: Sie sind Marat.

Der Idiot: Ach, jetzt, wo Sie es sagen – natürlich, ich bin Marat. – Wer ist das noch?

Alter Wärter: Der Revolutionär. – Die Französische Revolution...

Der Idiot: Ja, Freiheit, Gleichheit – und die Brüderlichkeit, vor allem die Brüderlichkeit.

Alter Wärter: Ja, die Brüderlichkeit.

Der Idiot (denkt nach): Die Revolution hätte nur eine Parole haben dürfen, die beiden anderen waren unser Verderben.

Alter Wärter: Meinen Sie wirklich?

Der Idiot: Ja. – Und allen, die nach uns kommen und sich auf uns berufen, wird es ebenso ergehen.

Alter Wärter: Es sind viele, die sich auf Sie berufen.

Der Idiot: Sie werden an innerer Verderbnis und Zügellosigkeit, die sie ebenso wie wir Freiheit nennen, zugrunde gehen.

Alter Wärter: Aber Freiheit ist für die Menschen *die* Idee.

Der Idiot: *Die* Idee, das war sie für uns auch. *Die* Idee – was haben wir nur aus ihr gemacht. *(denkt nach)* In einer Idee ist Unschuld, man darf an sie glauben. Aber jede Idee, die Wirklichkeit wird, verliert ihre Unschuld... und wir die Berechtigung, an sie zu glauben. Dennoch glauben die Menschen. Sie können ohne Glauben nicht sein.

Alter Wärter: Wenn sie nur glaubten.

Der Idiot: Sie glauben – einen Irrglauben. Eine wirkliche Freiheit findet sich nicht, nur die im Glauben. Frei... die Menschen frei. *(er schüttelt den Kopf)* Ein Wahngebilde. Sie sollten das, was immer sie meinen, anders nennen, aber nicht Freiheit.

Alter Wärter: Sie schauen zu furchtsam zurück.

Der Idiot: Ja, furchtsam – bei soviel Schuld...

Kleine Pause

Der Idiot: Hunderttausende entrechtet, Zehntausende aufs Schafott geschickt und noch einmal Hunderttausende auf den Schlachtfeldern verbluten lassen – im Namen der Freiheit. Was für eine Freiheit? Für wen Freiheit? – Die Wahrheit ist, diese Art Freiheit ist Despotie. – *(denkt nach) Brüderlichkeit*! – Und alles ist für immer geregelt, zum Guten geregelt.

Alter Wärter: Und die Freiheit, die Gleichheit?

Der Idiot: Alles leitet sich von Brüderlichkeit her. Wo Brüderlichkeit ist, sind Freiheit und Gleichheit auch. – Aber es ist nicht so, oder?

Alter Wärter: Nein, es ist nicht so. Sie reden von Freiheit, von sonst nichts. Und sie spielen das Spiel.

Der Idiot: Sagten Sie nicht, es ist kein Spiel.

Alter Wärter: Es ist blutiger Ernst, aber es geht nach der Grundregel des Spiels: Macht, Macht, Macht... mehr, mehr, mehr.

Der Idiot: Ja, blutiger Ernst – ich erinnere mich. Viel Blut, so viel Blut. Verzeihen Sie mir, bitte.

Alter Wärter: Ich? – Ihnen?

Der Idiot: Ich war bei dem blutigen Spiel dabei – die Septembermorde. Ich werde keine Verzeihung erlangen, natürlich nicht, und habe sie nicht verdient, aber darum bitten darf ich vielleicht und damit vor mir selbst sagen: ich habe Unrecht getan, ich war böse, ich bereue und bitte um Vergebung.

Alter Wärter: Ich will Ihnen gern vergeben. Wir alle tun Unrecht und sind böse und haben kein Recht, nicht zu vergeben.

Pause

Der Idiot: Ich werde ihnen das Spiel wegnehmen.

Alter Wärter: Ach, Herr Marat... Und dann?

Der Idiot: Können sie nicht mehr spielen.

Alter Wärter: Ach, Sie –!

Der Idiot: Und keiner muß mehr für sie kämpfen.

Alter Wärter: Und draußen? – Wo wollen Sie da ein Spiel wegnehmen, wo keins ist? Wollen Sie ihnen ihren Besitz und ihre Macht wegnehmen?

Der Idiot: Man muß irgendwo anfangen.

Alter Wärter: Und was ist mit der Schuld? – Müssen Sie dann irgendwann wieder um Vergebung bitten, weil Sie böse waren und Gewalt getan haben?

Der Idiot: Nein, nur das Spiel... ich nehme nur das Spiel. Keinem soll wehgetan werden.

Alter Wärter: Aber Sie werden wehtun müssen. Keiner wird seinen Besitz und seine Macht freiwillig hergeben.

Der Idiot: Für den Anfang reicht es mit dem Spiel. Einer muß den Mut haben und sagen, hört auf damit! Ein Zeichen setzen, verstehen Sie. – Ach, und Mut –! Es braucht keinen Mut, für mich nicht. Ich bin Revolutionär, ich zähle nicht. Mein Leben ist ein Wert, ja, aber wenn es sich kein Ziel setzt, das außerhalb von ihm liegt, ist es nichts wert – ein Schafsleben. Ich will kein Schafsleben führen, und ich will nicht, daß die Menschen ein Schafsleben führen. Immer, in alle Ewigkeit ihr Schafsleben weiterführen. Wenn man frei ist, braucht es zu nichts Mut.

Alter Wärter: So, Sie meinen, Sie sind frei.

Der Idiot: An Leib und Leben bin ich gebunden. Da mir aber beides nichts bedeutet, bin ich frei.

Alter Wärter: Und Ihre Angst, als Sie zu uns gekommen sind?

Der Idiot: Sind Sie sicher, daß ich das war? – *(sieht ihn an und nickt)* Die Menschen werden sich erheben.

Alter Wärter: Sie müssen sich nicht erheben. – Jeder müßte sich nur selbst beschränken, abgeben von Besitz und Macht. Erst gar nicht besitz- und machtgierig werden.

Der Idiot: O ja, so einfach doch.

Alter Wärter: Aber alle, wirklich alle müßten es tun.

Der Idiot: Nein, sie tun es nicht.

Alter Wärter: Eben. – Und was ist die Folge? Wie dumm die Entsagenden doch sind, sagen die, die nicht mitmachen. Und greifen nach dem herrenlosen Besitz und der Macht, die auf der Straße liegen, und werden mächtiger als je zuvor. Und je mehr edle – oder dumme – Menschen sich finden, in desto weniger Händen sammeln sich Besitz und Macht... und wir sind wieder da, wo wir vor Ihrer Revolution waren.

1. Wärter (kommt herein): Alles in Ordnung?

Alter Wärter: Ja, wir unterhalten uns.

1. Wärter (grinst): Sie unterhalten sich? – Na, dann viel Spaß. *(geht wieder)*

Der Idiot: Nichts hat sich geändert, oder? Seien Sie ehrlich.

Alter Wärter: Doch. – Die Mächtigen haben dazugelernt. Ganz so wenige wie zu Ihrer Zeit sind es nicht mehr, die das Machtspiel spielen. Alle dürfen jetzt mitmachen oder sich zumindest einbilden, daß sie mitmachen. Nicht an den Tischen der Großen, natürlich nicht, an Katzentischen... und an noch kleineren Katzentischen und noch weiter weg von den Großen, aber alle spielen das Spiel. Jeder hat seine kleinen Erfolge dabei und merkt nicht, daß er aufs Ganze gesehen nur immer Spielfigur der Größeren und alle zusammen Spielfiguren der Großen sind. Doch alle besitzen. Unvergleichlich mehr als zu Ihrer Zeit. Darum meinen alle, mehr oder weniger kleine oder große Macht zu haben... und alle sind sie verdorben, großtuerisch und kleinherzig durch ihr Besitzen.

Der Idiot: Alles ist sogar schlimmer geworden, nicht wahr? – Aber auf irgendjemandes Kosten muß es doch gehen?

Alter Wärter: Es sind immer welche, auf deren Kosten es geht. – Arme Länder auf armen Kontinenten, ärmste Menschen in diesen Ländern. Ja, die Ausbeutung in der Welt geht weiter. Und natürlich geht es auch auf ihre eigenen Kosten. Je mehr sie besitzen, desto ärmer sind sie.

Der Idiot: Wie mit unserer Freiheit – je mehr wir uns gewährten, desto mehr Zwang spürten wir. Am Ende hätten wir Gott sein wollen.

Kleine Pause

Alter Wärter: Am meisten geht es auf Kosten der Natur. Damit die Menschen im Überfluß leben können, pressen sie alles aus ihr heraus.

Der Idiot: Die Natur ist kein Dukatenesel.

Alter Wärter: Das interessiert sie nicht. Sie vermuten, so lange *sie* leben, kommen Dukaten.

Der Idiot: Und ihre Kinder?

79

Alter Wärter: Sofern sie welche haben, scheint sie das nicht zu interessieren.

Der Idiot: Sie haben keine Kinder?

Alter Wärter: Viele nicht. – Das Spiel ist ihnen wichtiger.

Der Idiot (laut): Denn siehe, es wird die Zeit kommen, in welcher man sagen wird: Selig sind die Unfruchtbaren und die Leiber, die nicht geboren haben, und die Brüste, die nicht gesäugt haben. Dann werden sie anfangen zu sagen zu den Bergen: Fallet über uns!

Kleine Pause

Der Idiot: Es ist alles schlimmer, viel schlimmer als bei uns. – Wofür die Revolution? – Muß es nicht wieder eine geben? – Aber wozu? Wozu Revolutionen? – Hat unsere das nicht alles in Gang gesetzt? – Welche Schuld haben wir auf uns geladen. Welche Schuld! – Verfluchen die Menschen uns nicht?

Alter Wärter: Nein, sie feiern euch. Ihr seid die Helden der Geschichte.

Der Idiot: Ist das die Freiheit, die wir gebracht haben? – Ha, wie anders soll sie sein, sie war von Beginn an so.

Kleine Pause

Alter Wärter: Sie hat noch ein anderes Gesicht – Menschenrechte.

Der Idiot (in Gedanken): Menschenrechte? – So, so... werden sie geachtet?

Alter Wärter: In wenigen Ländern... im großen und ganzen.

80

Der Idiot: So war es doch zu etwas gut.

Alter Wärter: Es war zu etwas gut.

Der Idiot: Dennoch... es ist zuviel Böses... zuviel Böses. Es muß eine Befreiung geben.

Alter Wärter: Herr Marat...

Der Idiot: *Hier* muß sie ihren Anfang nehmen. Es ist zuviel Böses.

Alter Wärter: Das Böse geht nicht aus der Welt.

Der Idiot: Wenn ich die hier sehe... warum tun sie nichts? Warum fangen sie nicht wieder an etwas zu tun?

Alter Wärter: Wer?

Der Idiot: Wer? *(sinnt nach)* Hier waren welche... Bruder Martin und... ich weiß nicht mehr. Wie wir damals hatten auch sie es versucht... und sind gescheitert. – Ja, zuviel Böses noch immer. Was können wir tun?

Alter Wärter: Wir können nichts tun.

Der Idiot: Wir müssen. – Wenigstens hier drinnen, wenigstens ein Anfang.

Alter Wärter: Hier drinnen – ach, drinnen, draußen... es macht keinen Unterschied. Die Menschen leben überall nach der gleichen Art.

Der Idiot: Sie lassen sich nicht bewegen?

Alter Wärter: Nein.

Der Idiot: Dann sind sie verloren?

Alter Wärter: Ja.

Der Idiot: Verloren. – Keine Revolution, nichts wird sie je zu Freiheit bringen. Immer mehr fallen nur immer tiefer in Schuld. Was sie Freiheit nennen, ver-

81

schafft ihnen nichts als die Herzensruhe, mit gutem Gewissen Böses zu tun.

Alter Wärter: Sie sind verloren.

Der Idiot: Sie und wir. – *(überlegt)* Nein, *ich* nicht, ich werde...

Alter Wärter: Verloren!

Der Idiot: Auch *sie*, die Menschen nicht... keiner wird verloren sein. – *(überlegt wieder)* Sind Sie sicher, daß ich Marat bin?

Alter Wärter: Wer sonst?

Der Idiot: Ich bin nicht Marat.

Kleine Pause

Der Idiot: Ich bin zwar im Land... *(lächelt)* im Land der ‚Freiheit‘ und der Guillotine geboren, aber ich bin dort nicht mehr. *(denkt nach)* Ich bin... ich bin – wo bin ich? – *(freudig)* Ich bin im Land der Ölbäume... und der Sonne... und der vielen Sterne!

Alter Wärter: Und wer sind Sie?

Der Idiot: Ich bin Christus.

Siebte Szene

Der große Gemeinschaftsraum, anfangs dämmerig, nach und nach Morgenlicht.
Stimme ‚Salomes' (von oben): Ah! Ich habe deinen Mund geküßt, Jochanaan. – Ah! Ich habe ihn geküßt, deinen Mund. – Ah! Ich habe deinen Mund geküßt, Jochanaan.
Der Idiot (läuft währenddem hin und her, stammelt, wirft die Arme hoch, kauert sich zusammen, gestikuliert, lauscht plötzlich nach oben, hält ein): Jochanaan... Jochanaan. – *Salome!* – Jochanaan...
Stimme ‚Salomes': Ah! Ich habe deinen Mund geküßt, Jochanaan. – Ah! Ich habe ihn geküßt, deinen Mund. – Es war ein bitterer Geschmack auf deinen Lippen.
Der Idiot (währenddem wie zuvor, hält wieder ein): Johannes aber war bekleidet mit Kamelhaaren und mit einem ledernen Gürtel um seine Lenden und aß Heuschrecken und wilden Honig. Und predigte und sprach: Es kommt einer nach mir, der ist stärker denn ich, dem ich nicht genugsam bin, daß ich mich vor ihm bücke und die Riemen seiner Schuhe auflöse.
Stimme ‚Salomes': Ah! Ich habe deinen Mund geküßt, Jochanaan. – Ah! Ich habe ihn geküßt, deinen Mund.
Der Idiot (wie zuvor): In seiner Hand ist die Wurfschaufel, und er wird seine Tenne fegen und wird

den Weizen in seine Scheuer sammeln, und die Spreu wird er mit ewigem Feuer verbrennen.

Stimme ‚Salomes': Ah! Ich habe ihn geküßt, deinen Mund. – Es war ein bitterer Geschmack auf deinen Lippen. – Hat es nach Blut geschmeckt?

Der Idiot(wie zuvor): Vater, willst du, so nimm diesen Kelch von mir; doch nicht mein, sondern dein Wille geschehe!

Stimme ‚Salomes': Hat es nach Blut geschmeckt? – Ich habe deinen Mund geküßt, Jochanaan. – Ich habe ihn geküßt, deinen Mund.

Der Idiot (wie zuvor): Dein Wille geschehe! *(er läuft fort, kommt wieder. An seiner Brust hält er das Spiel, bleibt still stehen)*

Stimme ‚Salomes' (währenddem): Ah! Ich habe deinen Mund geküßt, Jochanaan. – Ah! Ich habe ihn geküßt, deinen Mund. – Es war ein bitterer Geschmack auf deinen Lippen. – Hat es nach Blut geschmeckt? – Ich habe deinen Mund geküßt, Jochanaan. – Ich habe ihn geküßt, deinen Mund.

Der Idiot (kniet nieder): Die Welt kann euch nicht hassen, mich aber haßt sie; denn ich zeige von ihr, daß ihre Werke böse sind. *(es ist hell, die ersten Patienten erscheinen, einer schaltet das Fernsehgerät ein, die anderen setzen sich davor; der Idiot geht zu ‚Bruder Martin')* Martin! Mein Jünger Martin! *(geht mit ihm zusammen, hält dann an)* Sprich mir nach: Und erlöse uns von dem Bösen.

‚Bruder Martin': Und erlöse uns von dem Bösen.

84

Der Idiot: Ich bin gekommen zu rufen die Sünder zur Buße.

‚Bruder Martin': Ich bin gekommen zu rufen die Sünder zur Buße.

‚Brutus': Und ich bin gekommen... *(laut) Ich* bin Velozifer! Der Kopf des Velozifismus! Unsere Bewegung hat gesiegt!

‚Bruder Martin': Unsere Bewegung hat gesiegt!

Der Idiot (zu ‚Brutus'): Wahrlich, du bist Satan!

‚Bruder Martin': Wahrlich, du bist Satan!

Schulze (zu ‚Brutus'): Sie wissen genau, daß sie nicht gesiegt hat. Sie hat nicht gesiegt und sie wird nicht siegen! *(geht ab)*

‚Brutus' (hinter ihm her): Sie *hat* gesiegt!

Der Idiot (geht weiter, wendet sich an einen Patienten): Gehe hin, verkaufe alles, was du hast, und gib´s den Armen. *(geht weiter, zu einem anderen Patienten)* Hütet euch aber, daß eure Herzen nicht beschwert werden mit Fressen und Saufen und mit Sorgen der Nahrung. Weh euch, die ihr voll seid, denn euch wird hungern! *(geht weiter, bleibt in der Mitte des Raumes stehen, hält das Spiel hoch)* Seht, ich nehme das Böse auf mich! Ich nehme es in mein Herz. Ich will am Bösen vergehen. – Ich nehme eure Schuld auf mich! Ich nehme sie in mein Herz. Ich will an eurer Schuld vergehen. – Das Böse ist nicht in der Welt, es kommt allein aus eurem Herzen. Denn von innen, aus dem Herzen der Menschen, gehen heraus böse Gedanken: Ehebruch, Hurerei, Mord, Dieberei, Geiz, Schalkheit, List, Unzucht,

Schalksauge, Gotteslästerung, Hoffahrt, Unvernunft. Alle diese bösen Stücke gehen von innen heraus und machen den Menschen gemein.

,Brutus': Glaubt ihm nicht! Seid, was ihr seid! Steht zu euch und eurer... *(er lacht)* ,Gemeinheit'! In Wahrheit ist es eure Freiheit!

Der Idiot: Jünger Martin, sprich mir nach: Und wer meine Worte hört und glaubt nicht, den werde ich nicht richten; denn ich bin nicht...

,Brutus': Ihr seid zu euch selbst geboren!

,Bruder Martin': Nein.

Der Idiot: Warum nicht?

,Bruder Martin': Das ist zu lang.

Der Idiot: So sag: Gott ist Geist.

,Bruder Martin': Gott ist Geist.

Der Idiot: Denn ich bin vom Himmel gekommen, nicht daß ich *meinen* Willen tue...

,Brutus' (lacht): Ist dieser nicht Jesus, *Josephs* Sohn, des Vater und Mutter wir kennen? *(höhnisch)* Wie spricht er denn: Ich bin vom Himmel gekommen? *(lacht wieder)* Vom Himmel gekommen –!

Der Idiot: Seht dies zum Zeichen, daß ich das Böse auf mich nehme sowie eure Schuld, damit das Böse aus der Welt sei! – *(er zerreißt den Karton und das Spiel und streut die Fetzen über den Boden)*

,Brutus' Die Bewegung hat gesiegt! – Die neue Ordnung ist etabliert! – Sie hat gesiegt und wird nun tun, was sie sich und ihrem Sieg zu tun verpflichtet ist. Sie proklamiert: keine Veränderung mehr auf alle

Zeit! Die Geschichte hat ihre Bestimmung gefunden! Ihr Ende in Vollendung ist ausgerufen!

‚Bruder Martin‘: I have a dream!

‚Brutus‘ (geht zu ihm): Und *ich* bin Brutus, du Träumer! Weißt du, wer Brutus ist?

‚Bruder Martin’ schüttelt den Kopf.

‚Brutus‘: Der Garant bestehender Ordnung! Weißt du, was Ordnung ist?

‚Bruder Martin‘: Gott ist Geist.

‚Brutus‘: Ordnung ist geheiligt – geheiligt, nur weil sie Ordnung ist. Egal, welche Ordnung es ist. Geh mit deinem Traum. Träume sind Chaos, Träume zerstören Ordnung. Doch Brutus läßt es nicht zu, damals nicht und heute nicht.

Patient (unaufgeregt): Ein Messer. Er hat ein Messer.

‚Brutus‘: Ein Messer –? – Ein *Schwert*!– *Das* Schwert! Das Schwert der geheiligten Ordnung. Hier steht Brutus mit seinem Schwert und da –?! Aufrührer, Putschisten, Ehrgeizlinge, Weltverbesserer, Verrückte! Mit dem Kopf durch die Wand und jeder im Namen einer Gerechtigkeit!

Der Idiot: Stecke das Schwert an seinen Ort!

‚Bruder Martin‘: I have a dream.

‚Brutus‘: Ha, Traum und Gerechtigkeit! – Das geht nicht zusammen. Das ist die Gerechtigkeit der Zahnlosen, die das Leben nicht knacken können. Gerechtigkeit und Tat, das geht zusammen! *Ich* bin der Mensch der Tat – und seht, darum *tue* ich! *(ersticht ‚Bruder Martin‘)*

Der Idiot: Denn wer das Schwert nimmt, der soll durchs Schwert umkommen!

‚Mahatma': Geht in eure Hütten und spinnt euren Stoff.

‚Brutus' Wer sind Sie?

‚Mahatma': Und habt Frieden im Herzen.

‚Brutus': Wer Sie sind, will ich wissen!

‚Mahatma': Mahatma.

‚Brutus': Gandhi? Der ‚große' Friedensfürst? *(zeigt auf den Idioten)* Einer wie der? – *(er lacht)* Ihre Erben sind realitätsbewußter als Sie – Indien hat die Atombombe! Wußten Sie das?

‚Mahatma': Nein.

‚Brutus': Sehen Sie, man muß vorsorgen für die Tat – und sie *tun!* *(ersticht ihn ebenfalls)*

Der Idiot: Wer mir will nachfolgen, der verleugne sich selbst und nehme sein Kreuz auf sich und folge mir nach.

‚Brutus' (wendet sich an ihn): Und wer sind Sie? – Christus? Oder Marat? – *(betrachtet ihn)* Wissen Sie, es interessiert mich nicht. Einer wie der andere haben sie Ordnungen gestört und sich an gnadenreichen Prinzipien vergangen. Und einer wie der andere waren sie Dummköpfe. Dummköpfe, jawohl. – Soviel Mühen und Opfer und Sterben und Tod sogar! Viel, viel Tod... *(lacht)* und soviel Vergeblichkeit! Meine Herren Christus oder Marat, was sagen Sie dazu – soviel Vergeblichkeit! – *(lacht wieder)* Aber wenn Sie Marat sind, dann sollen Sie sterben wie Marat! *(stößt ihm das Messer in den Leib)*

88

Schulze (erscheint, kommt näher, zuerst fassungslos, dann entsetzt): Was tun Sie! – Sind Sie wahnsinnig?

Er fängt an zu schreien, rennt hinaus; die anderen Patienten, die vorher ruhig blieben, schreien nun ebenfalls. Zwei Wärter stürzen herzu, wollen auf Brutus los, der sie sich mit dem Messer vom Leib hält.

1. Wärter (wieder hinaus): Aufruhr! Aufruhr!

'Brutus ': Schaut, ihr Bürger Roms – des Brutus Tat! *(hält weiter den Wärter auf Abstand)* Des Brutus Tat, mit der er die Ehre Roms und die eure und auch die seine bewahrt. – Des Brutus Ehre, ja!

1. Wärter mit Direktor, Doktor und zwei weiteren Wärtern zurück. Die Wärter wenden sich zunächst 'Brutus' zu, drängen anschließend die Patienten hinaus.

'Brutus': Und von Feindesmacht umzingelt... gebietet des Brutus Ehre... ihm jetzt dies! *(stößt sich das Messer in den Bauch)*

Direktor: Ruhe, Ruhe, kein Aufruhr! – Lichtenauer, kein Aufruhr! Vertraut in die Führung! Die Taten eines Einzelnen! – Steht gegen ihn zusammen! Und heute Mittag als Nachspeise Eis! Vanille- oder Schokoladeneis zur Auswahl!

Während Patienten und Pfleger bis auf zwei verschwinden, untersucht der Doktor die Toten, bleibt dann beim Idioten. Professor, Vorsitzender, Pfarrer und auch Schulze erscheinen. Sie gehen kopfschüttelnd umher. Der Pfarrer betet nacheinander bei den

Toten, macht das Kreuzeszeichen über sie, verdeckt ihre Gesichter mit Papierservietten.

Professor (zum Doktor): Lebt er noch?

Doktor: Ja.

Professor: Und?

Der Doktor schüttelt den Kopf.

Vorsitzender: Schöner Schlamassel. *(zum Direktor)* Um eine Untersuchungskommission werden wir nicht herumkommen.

Professor (hebt einige Papierfetzen auf): Was ist das hier? – Unser Spiel?

Alter Wärter kommt herein, geht zum Idioten, hockt sich zu ihm herunter.

Vorsitzender: Nehmen Sie´s nicht schwer. Gehen Sie halt vorzeitig in Pension.

Alter Wärter: Wird er –?

Der Doktor nickt. Der alte Wärter nimmt die Hand des Idioten und hält sie.

Professor (hält die Fetzen hoch): Wer hat das gemacht?

Vorsitzender: Wo haben Sie noch Ihr Ferienhaus?

Direktor: Ich habe kein Ferienhaus.

Vorsitzender: Kaufen Sie sich eins. Sie werden viel Zeit haben. – Irgendwo im Süden. Oder vielleicht auf Bornholm... Bornholm ist sehr schön, sehr angenehmes Klima, ist für uns Mitteleuropäer erträglicher.

Professor: Doktor, sagten Sie nicht, daß Sie morgen in die Stadt kommen?

Der Idiot: Vater, vergib ihnen, denn sie wissen, was sie tun.

Vorsitzender: Wegen Ihrer Ruhebezüge machen Sie sich keine Gedanken, oder? – Drei Prozent Abschlag, wenn überhaupt. – Und den Posten kriegt wieder einer von Ihnen, sagen Sie das Ihren Leuten. Wir halten uns schließlich an Abmachungen.

Professor: Bringen Sie ein neues Spiel mit, seien Sie so gut. Den Beleg können Sie bei der Verwaltung einreichen. Posten: Patientenspiele und Unterhaltung, dann kriegen Sie Ihre Auslage erstattet.

Der Idiot (richtet sich noch einmal auf): Wer Ohren hat, der höre: Ein jeder nehme des anderen Last auf sich. *(sinkt tot zu Boden)*

Professor: Wir wollen doch nicht mit alten Gewohnheiten brechen, oder?

Sie lachen mit Ausnahme des Pfarrers, der beim Idioten steht, sich wiederholt bekreuzigt und betet. – Der alte Wärter erhebt sich, geht zu ,Brutus', nimmt das Messer, tritt an den Professor heran und ersticht ihn. Alle anderen suchen Schutz hinter Stühlen oder unter Tischen. Auf dem Weg zum Direktor wirft der alte Wärter das Messer von sich, sinkt in die Knie, birgt das Gesicht in den Händen.

Direktor (schaut vorsichtig unter einem Tisch hervor, steht dann auf, zu den zwei Wärtern): Los, machen Sie was! Los, los!

Ende

91